.... DIANA DAVIDSON
.... COLIN TAYLOR
.... DELIA WALSH
.... BRIAN BARRIE

MARBLE ARCH

by JOHN MORTIMER

directed by Ron Ferrier ● designed by Vann Harris

presented by The 'Q' Lunch Hour Theatre

* * * * *

Artistic Director/Administrator ...... Doreen Warburton
Stage Director .... David Wade
Stage Manager .... Ida Marchant
Stage Managers (On Tour) .... Anne Quealey
Assistant Stage Manager .... Barbara Williams
Stage Lighting .... Christian Ball
Photography by .... David Wade
Music Recorded by .... Robert Walker
Programme and Posters designed by .. Tony Ingersent
Party Bookings .... Ron Ferrier
Company Secretary/P.R. Officer ...... Valerie Newstead (364442)
Jean Grossman

Luise Ullrich · Unterwegs zu mir

Luise Ullrich

Unterwegs zu mir

Australische Impressionen

Langen Müller

Die Skizzen stammen aus dem Reisetagebuch der Autorin.

Vorsatz vorn: Im Umlauf befindliche australische Dollarscheine mit den Porträts australischer Pioniere; aus einem Programmzettel des „Q" Lunch Hour Theatre

Vorsatz hinten: Aus der Schrift „The Colony of New Wales and its dependent Settlements" von W. C. Wentworth, London 1819

Schutzumschlag: Christel Aumann, unter Verwendung eines Fotos von Leonore Ander, München
Satz: VerlagsSatz Kort, München
Druck: Jos. C. Huber KG, Dießen
Binden: R. Oldenbourg, München
Printed in Germany 1983
ISBN: 3-7844-1945-3

Inhalt

Aufbruch und Ankunft

Es war für mich nicht leicht, meine Koffer zu packen.

Ein Jahr lang trug ich Schwarz, das war problemlos, da paßte alles zusammen — Schuhe, Strümpfe, Tasche, Hut. Jetzt sollte ich wieder zurück zur Farbe.

Schwer, in vieler Beziehung.

Ich trug nicht aus irgendeinem Zwang Schwarz, oder weil es so üblich ist, sondern ich fühlte mich in der Trauerfarbe wohl. Ich wußte, daß Wulf-Diether diese Farbe an mir haßte — nein, wir mochten beide keine Traurigkeit, solange wir zusammen waren.

»Die Welt ist schön, Mylord,
wenn wir beisammen sind« —
das sang ich oft aus vollem Hals, ohne zu bedenken, wie sehr es stimmte. Und dann tanzten wir dazu, manchmal gleich nach dem Frühstück.

Wir dachten an kein Ende. Das Ende kommt so oder so, ob man immer daran denkt oder nicht.

Ob man Angst hat, sich zu verlieren, oder ob man sagt, es ist schön, wir lieben uns, wir werden ewig zusammenbleiben. Im hintersten Winkel des Gehirns sind zwar Bedenken, aber die verdrängt man – zum Glück.

Im letzten schrecklichen Monat nach seinem Unfall, als er aus der Bewußtlosigkeit nicht mehr erwachte, habe ich gebetet: »Laß ihn bei mir bleiben, laß ihn nicht fortgehen.« Aber ohne es zu wollen, sah ich mich selbst immer in Schwarz.

Als ich dann allein war, erschien mir alles bedrohlich, ich hatte Angst vor dem Leben. Ich flüchtete mich in die Trauerfarbe, um meiner Umwelt meinen inneren Zustand mitzuteilen, der wie eine schwere Krankheit war. Aber es blieb alles bedrohlich, trotz der Schutzfarbe.

Dann kam die Einladung meiner Freunde aus Australien. Sie schrieben herzlich und liebevoll.

Ich fragte mich: »Soll ich annehmen? Wenn ich mich jetzt nicht aufraffe, bleibe ich stecken in einem Trauerklischee, in dem ich eingefroren bin und aus dem ich vielleicht niemals mehr herausfinde.« Ich wollte nicht dahinvegetieren, meinen Kindern und meiner Umwelt zum Greuel.

Was hätte er gesagt? Kein Zweifel, er hätte gesagt: »Na klar, flieg doch!«

Also nahm ich die Einladung an. Ich packte bunte Sachen in den Koffer, um auf die andere Seite unseres Planeten zu fliegen. Es war keine Flucht

vor mir selbst oder der Traurigkeit — ich machte meiner Phantasie ein Angebot.
Er flog natürlich mit. Vierzig Jahre lang waren wir zusammen gereist, durch das Leben und oft auch in irgendeiner Maschine.
Im Flugzeug teilte er dem jeweiligen Kapitän Noten aus, besonders beim »Take off« und beim »Landing«. Er hob den Kopf ein wenig von der Zeitung, warf einen kurzen Blick über seine Brille hinweg auf die Startbahn und sagte: »Na, wann hebt der denn endlich ab?« Oder bei der Landung: »Was schleicht der sich denn so an?« oder »hervorragend« oder »Schwanzlandung«.
Und so hatte auch ich gelernt, alle Starts und Landungen nach ihrer Güte zu beurteilen. Ich saß in der DC 10 der Lufthansa nach Sydney. Über Kuala Lumpur, Djakarta und Melbourne waren es zweiundzwanzig Stunden in der Luft, und wir hatten dreimal Crewwechsel. Ich glaube, die Noten, die ich austeilte, waren ganz in seinem Sinne — hervorragend.
Er war als Pionier der Lufthansa dieser Gesellschaft treu verbunden. Er kannte sie viel länger als mich, und manchmal war ich eifersüchtig auf sie und auf die ganze Fliegerei. Gefühle, die ich im Nachhinein bereue. Durch ihn fühle ich mich heute zuhause bei der Lufthansa.
Er dagegen war nie eifersüchtig auf meinen Be-

ruf, im Gegenteil – er fand diese schillernde Welt interessant. Er war mir weit überlegen.
Kurz vor dem Reiseziel kam mir meine Unternehmung plötzlich total fragwürdig vor. Ich wäre am liebsten mit der Gegenmaschine zurückgeflogen.
Ich fühlte mich unsicher und entsetzlich müde. Fragen marterten meinen Kopf. Warum hatte ich diesen Flug unternommen? Was wollte ich bloß in Australien? Hatte ich denn überhaupt noch die Kraft, mich für irgend etwas auf dieser Welt zu interessieren? Und warum ausgerechnet Australien?
Und war ich nicht ein höchst unattraktiver Gast? Eine Witwe! Das Wort stammt aus dem Hebräischen und heißt: »Jammer – sonst nichts wert.« Grausam, aber wahr. Ein Wort, das Mitleid auslöst. »Darf man kondolieren?« O nein, man darf nicht.
Wie sollte ich bloß meine Schwäche verbergen? Ich wollte kein Mitleid. Meine australischen Freunde sollten auf gar keinen Fall merken, wie elend mir zumute war.
Sie merkten nichts. Oder sie taten so, als würden sie nichts bemerken. Meine Bedenken waren überflüssig gewesen.
Edith und Erich, meine Gastgeber, erwarteten mich am Flugplatz und nahmen mich so herzlich in die Arme, als wäre es ganz selbstverständlich,

daß ich allein, ohne WD kam. Dabei hatten sie ihn mindestens ebenso gern gehabt wie mich.
Jetzt kam ich allein, das nahmen sie als Tatsache, und das half mir. Sie sind Weltbürger, und ihre Realität wirkte auf mich erfrischend. Beide sind dem Paß nach Australier. Sie leben schon seit fünfzig Jahren auf diesem Kontinent, geboren aber sind sie in Deutschland. Erich ging in Zwikkau zur Schule und dann als Schiffsingenieur-Assistent nach Australien. Da die Schiffahrtslinie nach Asien eingestellt wurde, blieb er in Sydney und arbeitete sich aus eigener Kraft und eigenem Können ohne irgendwelche Beziehungen steil nach oben. Er wurde erst Direktor einer Baufirma und gründete dann einen großen Stahlkonzern, der heute seinen Namen trägt.
Edith wanderte als junges Mädchen mit ihrer Mutter über England nach Australien aus. Die beiden E's feiern demnächst Goldene Hochzeit.
Erich packte gleich zu und verlud mein Gepäck in seinen Mercedes. Es ist für ihn eine Selbstverständlichkeit, im Ausland einen deutschen Wagen zu fahren. Allerdings: würde ihm der Wagen nicht zusagen – würde er die Selbstverständlichkeit selbstverständlich streichen.
Erich hatte ein gelbes Nummernschild mit schwarzen Buchstaben und Zahlen und dem Namen »Eglo« unter der Provinzbezeichnung »New South Wales«. Er erklärte es mir in seinem ge-

mütlichen Sächsisch, in das er nicht das kleinste englische Wort mischte, trotz fünfzig Jahren Australien:

»Ja weeßte, das ist meine Firma, abgekürzt ›Eglo‹. Die Bezeichnung haben sie mir für meinen ganzen Wagenpark gegeben. Edith hat sie auch auf ihrem Auto.«

Er lachte verschmitzt über sein ganzes braungebranntes Gesicht, und Edith meinte mit leichtem englischen Akzent:

»Well, er ist eben ein einflußreicher Bürger und ein großer Förderer.«

Sie machte das Zeichen für Geldzählen und lächelte dazu bescheiden.

Ich bin sehr stolz auf die beiden, sie machen PR für Deutschland. PR wird sonst hoch bezahlt, da haben wir's umsonst.

Wir fuhren los. Wie ein Riesenspaghetti dreht sich die breite Straße vom Flugplatz durch die erleuchtete City mit den Superhochhäusern hinauf zum Pacific Highway. Edith fing prompt zu erklären an:

»Dort ist die Oper, und jetzt kommen wir über die Harbour Bridge — an der hat auch Erich mitgebaut. Eine allergische Verkehrsader, ewig overcrowded.«

Edith mixte manchmal englische Worte in ihre Sprache, das gefiel mir.

»Erich«, rief sie vorwurfsvoll nach vorne, »du

hättest die Harbour Bridge wirklich breiter bauen sollen!«

Und Erich murmelte: »Nu ja, damals wußte man das noch nicht.«

Ich hörte nur mit einem Ohr zu, das andere war noch verstopft vom Fliegen.

»Da drüben liegt Kings Cross, das Vergnügungsviertel, und da unten der zweite kleine Hafen Woolloomooloo, das ist das Wort mit den meisten Os auf der Welt. Und jetzt kommen wir auf den Pacific Highway.«

Mir klangen diese Worte im Halbschlaf sehr wohltuend. ›Viele Os sind etwas Gutes‹, dachte ich, ›und Pacific Highway riecht nach Salz und Meer.‹

»Dort drüben wohnt immer die Queen, wenn sie hier ist.«

›Aha‹, dachte ich, ›von der Queen ist auch noch die Rede.‹

Wir ließen die Stadt hinter uns. Die Häuser wurden immer kleiner, wie eine Laubenkolonie.

»Die sind noch aus der Convict-Zeit«, erklärte Edith. »18. Jahrhundert, Settler-Häuschen.«

Dann verschwanden sie endlich ganz, wichen großen Parkanlagen mit hohen Bäumen und einem Golfplatz.

»Jetzt sind wir in Killara!«

Wieder so ein schöner Klang.

»Woolloomoolooloo und Kíllara«, wiederholte

ich mit müder Zunge. »Das klingt gar nicht englisch. Aus welcher Sprache kommen die Worte und was bedeuten sie?«
Edith lachte.
»Du hast ein O zuviel gesagt, und es heißt Killára. Die Namen kommen aus dem Aboriginal. Du, Erich!« rief sie nach vorn, »Luischen möchte gerne wissen, was ›Killara‹ heißt. Heißt das was?«
»Nee«, sagte Erich und drehte sich vom Lenkrad ein bißchen nach hinten, »ich kann mir nicht vorstellen, daß das irgendwas heißt — bei denen.«
Und Edith meinte geringschätzig: »Just a name.«
Ich richtete mich aus meinem Luxusledersitz auf und war plötzlich ganz wach.
»Hier waren die Aboriginals?«
Die beiden wußten mit meinem Erstaunen nichts anzufangen und murmelten nur gelangweilt:
»Ja, ja, natürlich, warum denn nicht?«
Ich stellte sie mir vor, diese schwarzen, nackten Buschleute, wie sie hier herumgelaufen waren vor erst zweihundert Jahren, mit Speeren und in Kriegsbemalung. Überall brannten am Abend wahrscheinlich die Feuer, da, wo jetzt Autos stehen. Und . . .
Wir bogen in die Einfahrt einer großen, eleganten Villa ein.
Erich und ich schleppten meine Koffer in ein Gäste-Appartement mit Schlafzimmer, Ankleidezimmer, Bad, Salon und einer eigenen kleinen

Terrasse. Eine Treppe führte hinunter in den Park. Das ganze Haus war festlich erleuchtet und voller Blumen.

»Gleich kommen Nancy und Charles auf einen Drink.«

Ich freute mich. Nancy ist so eine Art Freundin von mir, ich kannte sie schon aus Deutschland. Sie war bei der Hochzeit meiner Tochter Michaela mit Bernd Rosemeyer auf unserem Fischgut im Allgäu.

Sie kam offen und strahlend auf mich zu, unverändert mädchenhaft – immerhin gehört sie meiner Generation an – und reichte mir ihre kleine zarte Hand mit einem solchen Händedruck, daß ich Mühe hatte, nicht »aua« zu schreien, besonders, weil der Ring falsch lag – der Händedruck einer Fliegerin. Nancy war die erste Pilotin, die die Civilian Licence des British Empire bekam. Außerdem ist sie Präsidentin des Pilotinnen-Clubs und hat die Air Ambulance mit ins Leben gerufen.

Es war ihr nicht anzusehen, wie sehr sie WD neben mir vermißte. Sie verlor ihr Gesicht nicht. Aber ich wußte, daß er ihr fehlte; sie hatte ihn sehr gern gemocht und besonders als Flieger sehr verehrt.

Nancy ist die beste Freundin von Elly Beinhorn, meiner Gegenschwieger. Als Elly den Alleinflug von Europa nach Australien geschafft hatte, war

diese fliegerische Leistung ein Erfolg für alle Pilotinnen.
Hinter Nancy stand Charles – sehr elegant, sehr englisch in seinem dunkelblauen Anzug. Er überreichte mir einen großen Korb, angefüllt mit den verschiedensten Sorten von Kamelien – weiß, rosa und rot. Er hatte sie alle selbst gezüchtet; das ist seine Spezialität. Er ist als Botaniker weltweit bekannt, und als Experte für australische Pflanzen wird er oft nach Italien und England gerufen.
Nancy hatte bereits eine Menge Pläne für meinen Aufenthalt in Sydney gemacht:
Eine Grillparty, ein Fest im Queen's Club, dem elegantesten und größten Ladies' Club in Sydney, Besuch im Zoo, ein Abend in der Oper, eine Hafenrundfahrt, ein Sonntagnachmittag auf dem Rennplatz, Besuch im Luncheon-Theatre und vor allem ein Presse-Tee. Als erfahrene Fliegerin hatte sie einen richtigen Schedule aufgestellt.
Mir schwirrte der Kopf. Plötzlich machte ich schlapp. Ich träumte nur noch von einem einzigen Platz: der Badewanne.
Wohlig versank ich in dem warmen Wasser. Gegen fünf Uhr früh – es war schon hell – wachte ich auf. Das Wasser war inzwischen eiskalt geworden. Ich ging ins Bett und hatte Kaffeedurst. Bei uns zuhause war es jetzt neun Uhr früh und Frühstückszeit.

Ich saß auf der Steintreppe, die von der Terrasse in den Park führte und war immer noch benommen vom Flug und von der Klimaumstellung. Ich mußte mich erst einmal zurechtfinden.
Wo war ich eigentlich?
Im Wendekreis des Steinbocks, fünfundzwanzig Grad südlich vom Äquator.
Auf den Korallenbäumen saßen rotgrau gestreifte Papageien. Sie machten fremdartige, gurgelnde Geräusche und pickten die schwarzen Fruchtkerne aus den Korallenblüten.
Rote Kamelien wuchsen auf hellgrünem Rasen. Der süße, betörende Geruch erinnerte mich an Bali.
Wo war ich eigentlich?
Wie sollte ich es anfangen, diesen Kontinent zu verstehen? Die Gerüche, die Tiere, die Pflanzen wirkten sehr exotisch auf mich. Aber die Menschen waren Europäer. Und auch das Klima war ähnlich wie zuhause.
Ich aß die zuckersüßen, dunkelgelben Mandarinen, die noch vom Sommer hängen geblieben waren. Ich wollte mich hineinfressen in dieses Land.
Ich fror in meinem Trenchcoat.
Hier muß ich unterbrechen und ziemlich weit, über vier Jahrzehnte, zurückgehen.
Es war im Jahre 1938. Damals befand ich mich auch allein auf einem fremden Kontinent. Ich saß in Südamerika am Strand von Rio.

In mein Tagebüchlein »Sehnsucht, wohin führst du mich« schrieb ich:

»Ich möchte eine Handvoll von dem salzigen Meerwasser trinken, ich möchte auch so wiegend gehen, wie die Einheimischen, ich möchte mich hineintauchen in diese fremde Welt, so daß ich ein Teil von ihr würde und kein Außenstehender mehr. Ich möchte die Kluft, die den Fremden von all den wesentlichen Dingen trennt, überspringen. Ich möchte den Kern dieses Landes kennenlernen, seine Seele, seine Persönlichkeit.«

Habe ich mich denn überhaupt nicht verändert?
Es sind genau dieselben Gedanken!
Dazwischen: der Krieg, vierzig Jahre Ehe, die Geburt meiner beiden Kinder, unsere Flucht, die Armut, der gemeinsame Wiederaufbau, die Hochzeit der Kinder, die Enkelkinder.
Panta rhei – alles fließt! Aber meine unstillbare Neugierde, die Sehnsucht, einzutauchen in die wesentlichen Dinge des Lebens, die Angst, als Fremder danebenzustehen, sind gleichgeblieben.
Ich befinde mich offenbar an derselben Stelle, nur in der Spiralenkurve ein wenig höher.
Meine Lethargie ist beendet, zum Glück.
Ein Kontinent wartet auf mich – wie damals.
Ich bin bereit.

Am Parramatta River

Auf meinem Schedule stand »Grill-Party bei Van und Norman in Hunter's Hill am Parramatta River«.

Über den Pacific Highway fuhren wir gemeinsam – Erich, Edith und ich – nach Hunter's Hill.

Unterwegs im Auto sagte Edith zögernd zu mir: »Luischen«, sie schien nach Worten zu suchen und wirkte ziemlich verlegen, »du bist voll Interesse für alles hier, und das finden wir auch lovely, nur tu mir bitte einen Gefallen: über zwei Themen solltest du heute nicht sprechen und vielleicht überhaupt nicht in Australien, es sind nämlich sozusagen heiße Eisen – äh – du, Erich«, rief sie nach vorn, »das meinst du doch auch, nicht?«

Erich nickte bestätigend zu uns nach hinten.

»Ja, Luise, weeßte, es is ja gar nich so wichtig, aber nu ja, man sollte hier möglichst nich so viel von den weißen und schwarzen Ureinwohnern reden, verstehst du, da macht man sich unbeliebt. Die Schwarzen kosten uns Steuerzahler jährlich viele Milliarden Dollar. Die gibt man ihnen auch gerne, weil man vieles wiedergutmachen will. Schließlich hat man ihnen das Land weggenommen mit seinen ungeheuren Bodenschätzen – Diamanten, Uran, Kohle, Gold –, dafür müssen sie entschädigt werden, das is ja klar, aber ein Blödsinn im Grunde, denn sie wissen mit dem Geld nischt anzufangen. Sie kaufen sich Alkohol dafür und saufen sich zu Tode, die armen Kerle. Aber gibt man ihnen nichts, dann ist das ungerecht und unsozial. Andererseits: verbietet man ihnen den Alkohol, was ihre Rettung wäre, dann ist das rassistisch. Also, wie man's macht, ist es falsch, deshalb ist es besser, man redet nicht darüber, das vermiest nur die Stimmung, und ändern kann man sowieso nischt.«

Ich war überrascht. Da kam ein Problem auf mich zu, mit dem ich nicht gerechnet hatte. Nicht darüber sprechen? Das zeugte von schlechtem Gewissen, und dahinter schien sich ein echter, unbewältigter Komplex zu verbergen.

»Glaubt ihr denn, daß sie keine Lebenschance mehr haben?«

Edith sagte:

»Es gibt ja nur noch 50000. Soviel Einwohner hat schon eine kleine Stadt in Deutschland.«

Seit ich in Killara war, hatte ich viel über die

schwarzen Zeitgenossen nachgedacht, die eigentlich keine Zeitgenossen sind. Sie scheinen zum Aussterben geboren, ihre Entwicklung führt ins Nichts. Die Zivilisation hat aus ihnen keine modernen Menschen gemacht, sondern Outcasts, die dem Alkohol verfallen sind, unglückliche Heimatlose.

Doch Edith hatte noch weitere Bedenken, sie wollte mich vor einem gesellschaftlichen Fauxpas bewahren.

»Das andere heiße Eisen, Luischen, sind die Convicts, die weißen Sträflinge, die im 18. Jahrhundert von England nach Australien deportiert wurden. Sie sind eigentlich die Großeltern oder Urgroßeltern der heutigen Australier. Okay. Du darfst nicht glauben, es wären lauter Raubmörder gewesen. Manche hatten nur ein Stück Brot gestohlen oder waren politisch Verfolgte. Aber besser ist es – vor allem als Ausländer –, nicht daran zu rühren. Das mußt du doch verstehen. Dir wäre es sicher auch nicht angenehm, wenn ein Australier in eurem Land gleich vom Nationalsozialismus oder von Hitler zu reden anfinge.«

Dieser Vergleich verblüffte mich. Der Aufbau der Kolonie schien mir eine großartige Pionierleistung der Deportierten, jener ersten Settler. Ich stellte sie mir vor: urige Typen, die trotz Hunger, Prügel, Schmerz und Heimweh mit ungeheurem

Aufbauwillen die Basis für den heutigen australischen Staat geschaffen hatten. Ich war voller Bewunderung für diese Mannsbilder, die trotz Ketten und Eisenkugeln an den Füßen die Wildnis urbar gemacht hatten.

Erich neigte sich nochmals nach hinten und meinte diplomatisch:

»Laß doch den Kontinent einfach auf dich wirken, wie er ist. Modern in jeder Beziehung, ein Land mit steiler Aufwärtstendenz und geringer Arbeitslosenquote. Ein Traumland für Auswanderer, krisensicher und stabil. Keinerlei Kriegsgefahr. Verstehst du, Luise?«

Ja, natürlich verstand ich, ich wollte auch nicht taktlos sein. Aber gerade dieses Gespräch machte mir klar, daß mein Interesse keineswegs einer heilen Welt galt, die kommerziell in Ordnung war, mit einer stabilen Dollar-Währung und einer tipptoppen Gesellschaft, die sich bemühte, mich vor den Problemen ihres Landes abzuschirmen.

Nein, mir ging es darum, ein möglichst wahrhaftiges Bild von diesem Land zu gewinnen, mit seinen hellen und dunklen Seiten. Nun wußte ich's genau: Es waren vor allem die schwarzen und die weißen Ureinwohner, über die ich mehr erfahren wollte.

Als wir in das weitläufige Anwesen einfuhren, kam uns Norman entgegen, in einer vergammelten Cashmere-Jacke. Ein lässig gekleideter Engländer mit ironischem Oscar-Wilde-Gesichtsausdruck, graumeliertem Haar und weißem Schnauzbart.

»Willkommen in Hunter's Hill«, begrüßte er uns.

»Das ist hier kein Villenviertel, sondern ein Zustand«, erklärte er.

Und da kam auch Van, eine stattliche, rotblonde Frau mit glatt zurückgekämmtem Haar, das sie zu einem dicken Knoten zusammengesteckt trug.

Der Park zog sich hinab bis zum Parramatta River.

»Was heißt denn Parramatta?« fragte ich harmlos und zwinkerte Edith hinterlistig zu. Damit wollte ich ausdrücken: ›Das werde ich doch wohl noch fragen dürfen.‹

»O — just a name«, meine Van.

Edith lachte. »Siehst du, das sage ich auch immer. Aber Luise will es eben genau wissen: was Killara heißt, was Woolloomooloo heißt und nun noch was Parramatta heißt.«

Norman wußte Rat. Er holte ein Buch mit dem Titel »Aboriginal Place Names« und las vor: »Parramatta heißt ›wo die Aale laichen‹ oder ›ein dunkler Dschungel‹. Woolloomooloo bedeutet ›Windmühle‹ oder ›nahe am Wasser‹ und Killara ›bleib da für immer‹.«

Erich und Edith gefiel die Bedeutung des Namens

Killara – sie wollten gern für immer dort bleiben.
Norman und Van wußten, daß in diesem Fluß die Aale laichten. Es stimmte also, was die Ureinwohner sagten.
Das Gespräch über die Ureinwohner brachte uns näher – wir verfielen erst gar nicht in das übliche gesellschaftliche Blabla. Aber ich fand, sie sprachen über die Ureinwohner wie Erwachsene über Kinder sprechen, deren Welt sie nicht verstehen.
Ich erfuhr: Die Sprache der Aboriginals ist schwer, ja fast unmöglich zu erfassen. Erstens haben sie keine Schrift, und zum anderen unterscheiden sich Aufbau und Grammatik völlig von jeder anderen Sprache. Ein Wort verändert sich, je nachdem, ob es der Vater zum Sohn sagt oder die Mutter zur Tochter. Und wenn Kinder miteinander reden, gebrauchen sie für dieselbe Tätigkeit oder denselben Gegenstand wieder ganz andere Worte.
Dazu haben sie eine reiche Gestik, eine Körpersprache mit über hundert verschiedenen Stellungen der Glieder und des ganzen Körpers – eine Art Esperanto, mit dessen Hilfe sich die über 500 Stämme untereinander verständigen können. Doch haben viele Aboriginals heute ihre Sprache vergessen und sprechen Pidgin-Englisch.
Ich dachte: ›Nomen est Omen. Solange die Orts-

namen noch von ihnen geprägt sind, haben die Aboriginals noch Kraft und Macht in Australien und ein Recht an der Gegenwart.‹

Wir setzten uns um den runden Steingrill und hielten unsere Spieße über das glühende Kohlenbecken in der Mitte.

Ich war in Gedanken noch mit dem mysteriösen Sprachsystem der Ureinwohner beschäftigt, da fing Van ganz von selbst an, ohne daß ich den Versuch einer Frage gewagt hätte, über das andere »heiße Eisen« zu sprechen.

»Vor zehn Jahren haben wir den Grund hier gekauft«, sagte Van, »durften aber nicht bauen — es stand noch die Originalhütte eines Settlers darauf. Aus Holz, morsch, sehr armselig, voller Würmer und Ungeziefer. Wir durften sie nicht abreißen, denn sie stand unter Denkmalschutz, bloß, weil sie von Convicts erbaut war.«

Norman fügte hinzu: »Seit kurzem entwickeln die Australier ein Gefühl für ihren Ursprung und ihre Identität. Ein ganz neues, bisher unbekanntes Bemühen. Es scheint, sie beginnen eine neue Einstellung zu ihrer Vergangenheit zu finden.«

Ich warf Edith einen fragenden Blick zu. Sie sah weg. Ich nahm's als Einverständnis.

»Sie sagten vorhin, ›die Australier entwickeln ein Gefühl...‹ Warum sagen Sie nicht ›wir Australier‹? Zählen Sie sich nicht dazu?«

Jetzt vermied ich es, Edith anzuschauen, denn

das konnte möglicherweise ein drittes »heißes Eisen« sein.
Norman hob die Schultern. »Van und ich, wir fühlen uns eigentlich immer noch als Engländer. God shave the Queen«, er prostete mir zu mit diesem abgedroschenen Scherz.
Ich hätte gern gefragt: ›Wann wird eigentlich aus einem Engländer ein Australier?‹ Aber ich verkniff es mir. Da schien noch einiges im unklaren zu sein, aber darauf haben sie schließlich ein Anrecht bei ihrer jungen, erst zweihundertjährigen Geschichte.
»Wann haben Sie denn Ihr Haus gebaut?« versuchte ich es aus einer anderen Ecke.
Van lachte: »Als die Settlerhütte von selbst zusammenfiel. Da erübrigte sich dann auch der Denkmalschutz. Aber die Palmen lassen wir stehen, zum Andenken.«
Sie zeigte auf herrliche große Fächerpalmen, die ich sonst nirgends in Australien gesehen habe.
»Die Erde, mit der das ganze Ufer hier aufgeschüttet wurde, kam aus Samoa. Die Convicts brachten sie mit Booten hierher, und in dieser Erde waren die Palmensamen.«
Die Palmen bewegten sich leicht im Wind und rauschten geheimnisvoll. In dem Rascheln hörte ich tiefe Stimmen, die sangen ›I loaded sixteen tons, what would you say...‹ Die Palmen spiegelten sich im Wasser.

Convict
Grill-Handschuhe,
Ein jeden Sack einen,
gute Idee!

»Es muß schön sein, hier im Fluß zu schwimmen...«
Norman wehrte entsetzt ab.
»Der Parramatta ist voller Haifische. Jährlich gehen hier 'ne ganze Menge Menschen hops.«
»Aber ich habe doch gelesen, es gäbe hier in der Gegend keine Haifische.«
»Das ist es ja – das haben die auch gelesen. Deshalb gingen sie ja hops«, antwortete Oscar Wilde trocken.
Mir kam es vor, als würde ich die Rückenflossen der Haie sehen, die durch den Parramatta zogen.
›Ob sie das Fleisch riechen?‹ dachte ich.
Ich begann das Leben der englisch-australischen Gesellschaft in einem neuen Licht zu sehen: viel härter und unerbittlicher, als ich gedacht hatte und als sie sich selbst eingestanden. Keineswegs so »easy going« wie sie immer vorgaben.
Sie sind umgeben von Gefahren: im Süden der Pazifik mit seinen Stürmen und mit den Todfeinden, den Haifischen; im Norden der Outback, die Wildnis mit der tödlichen Trockenheit.
Sie selbst bewohnen nur einen schmalen Streifen, den ihre Vorfahren, die Convicts, von denen sie nichts mehr wissen wollen, gerodet haben.
Ich hatte einiges dazugelernt.
Ich hakte Punkt eins ab.

Empfang im Ladies' Club

Programmpunkt zwei reihte sich an: Wir waren eingeladen in den Queen's Club, den exklusivsten Ladies' Club von Sydney.
»Mach dich schön«, meinte Edith aufmunternd, »es geht dort sehr vornehm zu.«
Ich versuchte es, soweit es meine Reisegarderobe erlaubte. Mein Abendkleid war ja okay – aber der Mantel! Natürlich kein Abendmantel, sondern ein Trenchcoat.
Edith betrachtete mich prüfend. Dann verschwand sie in ihrem Zimmer und kam mit einer sehr schönen, kostbaren Nerzjacke zurück.
»Blackglama. Probier doch mal.«
Ich sah wirklich toll darin aus. Wie eine sehr reiche, sehr vornehme alte Dame.
In meinem Regenmäntelchen sah ich nicht so toll aus. Ärmer, aber dafür auch jünger.
Ich entschied mich für den Regenmantel.

Ein Lift brachte uns in die zehnte Etage zur Garderobe. Ich hängte meinen Trenchcoat zu Zobel, Nerz und Hermelin. Er nahm sich dort sehr einsam und sehr exotisch aus.

»Women for women« war die Club-Devise. Hier waren einzig und allein die Damen die Gastgeber. Selbst die eigenen Ehemänner waren nur eingeladen.

»Sind das alles berufstätige Frauen — so sehen sie gar nicht aus?« fragte ich überrascht.

»Aber nein, die sind doch nicht berufstätig!« wehrte Edith entsetzt ab. »Wie kommst du denn darauf?«

»Ja, und wer bezahlt den Clubbeitrag? Der scheint doch sehr hoch zu sein, nach den Mänteln zu urteilen?«

»Die Männer natürlich.«

»Aha.«

Erich, Edith und ich betraten den Saal. Das Fest war schon in vollem Gange und die Stimmung auf dem Höhepunkt. Lautes Stimmengewirr brandete an unsere Ohren.

Der Saal glich einem großen Wasser, in dem viele Menscheninseln schwammen, und in jeder dieser Inseln stand im Mittelpunkt eine Gastgeberin.

Schon von oben, von der Treppe aus, sahen wir unsere Gastgeberin, Mrs. Cox, und steuerten auf sie zu. Sie ist eine der reichsten Frauen im Lande; ihr Mann ist der größte Viehzüchter Australiens und besitzt rund 50000 Schafe.

Sie begrüßte uns sehr herzlich. Mir kam es so vor, als hätte sie ihre Zähne vergessen, aber ich hatte nicht den Mut, sie danach zu fragen.
Erich meinte in seiner trockenen Art:
»Hier ist soviel Geld beisammen, das kannste gar nicht zählen. Aber was soll's, das Leichenhemd hat keine Taschen.«
Eine gesunde Einstellung.
Von einer anderen Insel löste sich Nancy und kam auf mich zu. Hier im Ladies' Club kam sie ganz groß raus: man nannte sie »the social butterfly«. Sie führte mich zu einer anderen Insel, und immer wieder und überall kam sofort dieselbe und verfängliche Frage:
»How do you like it here?« oder »Isn't it a nice day in our beautiful Sydney?«
Jedesmal nickte ich begeistert und sah zum Himmel, was ausdrücken sollte: ›Es ist fabelhaft hier.‹
Ich wußte genau, daß ich mich nicht mit einer oberflächlichen Antwort aus der Affäre ziehen konnte.
Ich hatte einen Artikel in der Zeitung gelesen, in dem der Journalist sich über die Aussprüche von Newcomern lustig machte.
Eine britische Schauspielerin zum Beispiel hatte auf die Frage, was ihr hier am besten gefiele, geantwortet:
»Ich mag die australischen Briefmarken am lieb-

sten und die Musik, die im ABC zum Einschlafen gespielt wird, bevor die Nachrichten kommen.«
Ein Regisseur aus Hollywood hatte gesagt: »Australien ist ein erstklassiger Platz, um hier den Weltuntergang zu drehen.«
Sie fanden diese Antworten beleidigend. Was sollte ich sagen? In meiner Ratlosigkeit verdrehte ich immer nur vielsagend die Augen.
Nancy und ich trieben von Insel zu Insel, und immer wieder kam dieselbe Frage.
Ich sagte zu Nancy: »Wie kann ich denn nach so kurzer Zeit ein Urteil über euren Kontinent abgeben? Das wäre ja anmaßend. Ich habe noch nicht einmal so richtig durchs Schlüsselloch geguckt. Ein Land, das so schwer zu begreifen ist.«
Nancy sah mich ein wenig verständnislos an.
Wir waren vor einem großen Kamelienarrangement angelangt, in dem zahllose Blüten angeordnet waren, weiß und rosa mit leuchtend roten Flammen darin.
»Die sind aus unsrem Garten«, sagte Nancy mit leisem Stolz. »Und weißt du, wie diese hier heißt?« Sie machte einen kleinen, bescheidenen Knicks. »Die Kamelie heißt Nancy Bird.«
Ich gratulierte ihr.
»Weißt du auch, daß Erich sein bestes Pferd ›Count Castell‹ getauft hat?«
»Das hat mich sehr gerührt. Hoffentlich gewinnt es.«

Diener servierten auf großen, mit Eisstückchen bedeckten Platten Berge von Austern. Nancy schlürfte gleich drei hinunter.
Ich riß entsetzt die Augen auf.
»Bist du verrückt? Bist du lebensmüde? Du ißt Austern?«
»Hier kann man beruhigt Austern essen, die kommen von weit her.«
»Und die Kanalisation?«
»Die geht ins Meer.«
Ich sagte zu dem Diener: »No, thank you.«
Als wir die vorletzte Insel hinter uns hatten, sagte ich zögernd zu Nancy:
»Ich glaube, Nancy, ich glaube, das ist . . .«
»Ja, ich weiß schon«, unterbrach mich Nancy, »ich weiß, was du sagen willst. Du willst sagen, daß du diese Art von Gesellschaft auch in Europa hast. Du willst das typische Australien kennenlernen, das ursprüngliche. Willst dahin, wo es echt ist. You are hungry for information, okay, you will get it. Wir streunen morgen ein bißchen durch die Stadt. Ich zeige dir den Zoo. Da siehst du den Platypus, was Echteres haben wir nicht zu bieten.«

Im Taronga-Park

Mit dem Fährschiff fuhren wir von Sydney nach Taronga. Unterwegs zeigte Nancy mir eine Insel mit einem düster wirkenden Turm darauf.

»Dort lebten die ersten Convicts, die Cook 1770 mit der ›Endeavour‹ nach Australien gebracht hatte. Siehst du irgendwo ein Gitter, einen Zaun oder eine Mauer? Sie konnten sich völlig frei bewegen.«

»Nein, wirklich? Hat man ihnen so vertraut?«

»Natürlich nicht. Hier ist alles voll mit Haifischen. Die Flucht hätte den sicheren Tod bedeutet.«

Von dem Augenblick an hatte ich feuchte Hände vor Angst beim Anblick der Schulkinder, die sich immer wieder zu weit über die Reling beugten und lachend und ballspielend auf dem Schiffsdeck herumtobten.

Da fiel Nancy noch was ein:

»Übrigens seid ihr Deutschen auch an der Erschließung Australiens beteiligt gewesen. Admiral Philip, der die erste Flotte kommandierte, war der Sohn eines Deutschen.«

Am Eingang des Taronga-Zoos hing eine große Tafel. Nancy las mir vor:
»Vor 300 Millionen Jahren... das ist zu lange her«, sie übersprang einen Abschnitt, »da gab es nur einen einzigen Kontinent auf dieser Erde und der hieß ›Pangaea‹.«
Wir sahen uns an.
»Hast du das gewußt? Ob das stimmt?« Sie las weiter: »100 Millionen Jahre später löste sich Australien von der Antarktis ab und driftete nach Nordwesten. Zwischen Australien und Indien lagen zu jener Zeit eine Vielzahl von kleinen Inselgruppen, über die die Aboriginals und die Dingo-Hunde einwanderten. Nach der Eiszeit versanken diese Inseln, und seitdem ist Australien ein selbständiger Kontinent mit einer Flora und Fauna, die auf der ganzen Welt einmalig sind.«
Wir ließen Löwen, Tiger, Panther und Elefanten unbesichtigt und steuerten gleich auf die Beuteltiere zu, die es nur in Australien gibt.
Vor dem »roten Riesenkänguruh« blieben wir stehen. Es wiegt 100 Kilo, so stand auf der Tafel zu lesen, die Körperhöhe beträgt gut 1,60 m, der Schwanz ist über einen Meter lang und es kann gut zehn Meter weit springen. Das Neugeborene kommt schon 33 Tage nach der Zeugung, noch

ganz winzig, mit 1,8 cm und einem Gewicht von höchstens einem Gramm, zur Welt. Ganz ohne Zutun der Mutter kriecht es durch den Pelz in den Bauchbeutel und schließt sich dort an die Milchdrüse an. Ein Dreivierteljahr bleibt es in dieser warmen Höhle, dann (zu diesem Zeitpunkt wiegt es rund vier Kilo) macht es sich selbständig.

Wir gingen weiter zum Platypus – bekannter unter der Bezeichnung Schnabeltier –, aber auch Ornithohynchus, Kloakentier oder Monotrem genannt.

So ein Zoo ist zwar ein Museum, aber ein ganz besonderes, in dem lebendig gewordene Fossilien herumspringen und -schwimmen.

Nancy bereitete mich vor:

»Du wirst jetzt ein Tier sehen, das Eier legen kann, aber ein Säugetier ist, ein Fell hat, aber auch einen Entenschnabel und das seine Jungen aus allen Poren seines Bauches stillt. Die Bezeichnung ›Monotrem‹ bedeutet, daß es nur einen Ausgang hat für die Exkremente wie für die Eier.«

Nancy war richtig stolz und glücklich, daß sie mir so etwas Interessantes bieten konnte.

Im Haus des Platypus herrschte gedämpftes Licht; auch die Gläser des Aquariums waren getönt. Wir standen davor und sahen zuerst einmal nichts.

Ich dachte: ›Hab ich Mattscheibe?‹ und schielte schon vor lauter Anstrengung. Aber Nancy meinte, wir müßten Geduld haben, bis die Augen sich an das Dämmerlicht gewöhnt hätten.
Andere Zoobesucher drängten nach, starrten ebenfalls ins Aquarium, sahen nichts, schüttelten die Köpfe, sahen uns ein bißchen irritiert an und gingen wieder. Es wäre ein lustiges Thema gewesen für »Vorsicht Kamera«.
Wir ließen uns nicht beirren, strengten weiter unsere Augen an, und plötzlich flüsterte Nancy aufgeregt: »Dort!«
Tatsächlich, dort bewegte sich etwas, quirlte um einen Fels, blickte uns an. Vielleicht hatte es uns schon lange beobachtet. Es guckte uns an durch ein Loch im Fels, schwamm nach oben, um Luft zu holen, schnellte wieder hinab, nahm keine Notiz von uns — oder doch? — verschwand hinter dem Fels, tauchte wieder auf, langweilte sich nicht, wirkte voll Temperament und Unruhe. Mir kam es überhaupt nicht primitiv vor, sondern überreichlich ausgestattet mit Eigenschaften und Möglichkeiten. Es lugte noch einmal durch das Loch im Fels und verschwand. Wir konnten uns nicht einmal vom Platypus verabschieden.
Als wir aus dem Haus heraustraten, waren wir ganz geblendet.
Ich zuckte zusammen, als Nancy mir einen kleinen Schubs gab und sagte:

»Sieh mal, wer da kommt. Endlich einer deiner Freunde, da siehst du einmal einen ganz echten Aboriginal.«
Tatsächlich, ein junger Aboriginal, der von einem älteren Weißen begleitet wurde. Der Junge war sehr schwarz, und ein grellrotes Band um seine Stirn verstärkte diesen Eindruck noch. Sein Anzug, der ihm zu groß war, hing an ihm wie an einem Kleiderständer. Er wirkte scheu, ging vorgebeugt, als wäre er auf der Hut, achtsam wie eine Katze oder wie ein Vogel.
Ich war ein bißchen aufgeregt.
»Gehen wir ihm nach«, bat ich Nancy.
Sie war sofort einverstanden.
»Aber nicht so auffällig. Er könnte ärgerlich werden, wenn man ihn so anstarrt.«
Wir eilten also hinterher. Der Gang des Eingeborenen war ganz anders als der seines Begleiters; der ging schnell und hastig, der Junge dagegen war von einer selbstverständlichen Anmut. Er ging so weich und katzenartig, als hätte er Felle an den Füßen. Er wiegte sich nicht in den Hüften, er ging aus der Hüfte heraus und legte mühelos große Schritte zurück. Wir konnten kaum folgen.
Ich hätte gerne gewußt, in welcher Sprache sie miteinander redeten, aber sie redeten kein Wort. Als wir ganz dicht hinter ihnen waren, blieben sie plötzlich stehen. Wir rammten nur den Begleiter.

Der Aboriginal war wie Wasser – mit ihm wären wir sicher nie zusammengestoßen.
Der ältere Herr entschuldigte sich höflich, und Nancy und ich auch. Der Junge kümmerte sich nicht um uns, er stand abgewandt und fing an, mit seiner Schuhspitze etwas in den Sand zu zeichnen. Ich war ganz in seine Betrachtung versunken, während Nancy dem älteren Herrn erzählte, daß ich ein Gast aus Deutschland sei, mich sehr für die Welt der Aboriginals interessierte und daß wir beide gerne wissen wollten, wie der junge Mann hieße.
Der ältere Herr stellte sich als sein Lehrer und Betreuer aus der Mission Angurugu vor und erklärte dem Jungen schnell etwas in einer sehr fremdartig klingenden Sprache.
Der Junge sah auf von seiner Zeichnung und sagte wohlerzogen, mit weicher dunkler Stimme: »My name is Badyuwini-Wurramara.«
Der Lehrer blickte stolz.
»Er ist sonst sehr scheu«, sagte er.
Ich nahm mein Reisetagebuch und bat ihn, mir seinen Namen hineinzuschreiben.
Der Knabe sah mich an, und sein ernstes Gesicht erhellte sich plötzlich zu einem offenen Lächeln. Er zeichnete mir einen Mann mit einem Speer in der Hand, der auf einem Felsen stand. Daneben zeichnete er noch einen Speer und zwei Äxte.
»Jeder Mensch hat einen Fels zum Schutz, zu dem

er wieder heimkehrt in die Dreamtime«, erklärte der Lehrer.

Badyuwini-Wurramara zeichnete nun einen Krieger und ein Krokodil daneben. Auf meine Frage, ob er der Krieger sei, schüttelte er den Kopf, deutete auf das Krokodil und sagte:

»That's me.«

Mit einer sanften, anmutigen Geste gab er mir das Buch zurück.

In einer spontanen Sympathieregung fragte ich, ohne es mir recht überlegt zu haben:

»Willst du mit mir kommen?«

Der Junge drehte sich um zu seinem Lehrer, sah ihn lange an, dann wandte er sich zu mir und sagte mit sanfter Selbstverständlichkeit: »Yes.« Er stellte sich neben mich.

Ich war hilflos und ein wenig beschämt. Mit einer so geradlinigen Reaktion hatte ich nicht gerechnet.

Der Lehrer bemerkte meine Verlegenheit, begriff, nahm den Jungen freundlich bei der Hand, und sie gingen weiter.

Nancy und ich blieben zurück. Sie versuchte, die Zeichen im Sand zu deuten. Ich machte mir bittere Vorwürfe.

Warum mußte ich Badyuwini-Wurramara so enttäuschen? Er war zu uns nicht scheu, war ganz offen gewesen, hatte meine Frage ganz ernst genommen, wie alle Kinder das tun. Das hätte

Badjuwini
BADJUWINI WURRAMARR

ich wissen müssen. Er war bereit gewesen mitzukommen.
Was mochte er jetzt denken? Das, was alle schwarzen Brüder denken: »Mein Vater hat doch recht. Mein Vater sagt immer: ›Trau keinem Weißen‹.« Warum mußte das gerade mir passieren?

Luncheon Theatre

Es war kurz vor zwölf, als wir am Circular Quay anlegten. Wir mußten uns beeilen, um rechtzeitig zur Vorstellung des Luncheon Theatres zu kommen, das mitten in der Wolkenkratzer-City liegt. Wir hasteten durch die Straßenschluchten dieser lebendigen, pulsierenden Weltstadt, vorbei an eleganten Geschäften und Kaufhäusern mit reichem Angebot. Sydney ist ein junge, dynamische Stadt. Immer wieder begegneten uns auffallend gut und schick gekleidete Leute, die Stadt hat Tempo, Pfiff und Schwung und kommt mir so gar nicht vor wie eine »müde alte Hure«.

Wir schafften es so gerade, es war Schlag zwölf. Da kamen sie herbeigeströmt, vorwiegend junge Leute: Verkäufer und Verkäuferinnen aus den umliegenden Geschäften und Bankangestellte, die ihre Mittagspause auf angenehme Weise verbringen wollten.

An der Kasse gab es Eintrittskarten für drei Dollar, die gleichzeitig Verzehrbons waren für eine

Tasse Kaffee mit Milch und Zucker, ein Sandwich und ein Stück Kuchen. Das alles stand bereit auf kleinen Tabletts, die man sich am Buffet abholte.

Wir nahmen bequem gepolsterte Sitze ein, tranken gemütlich unseren Kaffee und warteten darauf, daß es losging. Bis dahin erzählte ich Nancy ein paar Anekdoten aus meinem Schauspielerleben.

Einmal passierte zum Beispiel folgendes: Ich hatte mit meinem Partner eine Liebesszene in einem Boudoir zu spielen. Als der Vorhang aufging, lag ein Gipsbein auf der Bühne. Mein Partner starrte hin und flüsterte leise in mein Ohr, als wollte er mir eine Liebeserklärung machen: »Du, schau mal, was dort liegt!« Ich riß die Augen auf und konnte es nicht glauben. Im Scheinwerferlicht glänzte weiß ein Gipsbein. Es gehörte einer jungen Dame in der ersten Reihe, die nicht wußte, wohin damit. Bei geschlossenem Vorhang hatte sie ihr Bein auf die Empore vor sich gelegt, ohne zu bedenken, daß sie auf diese Weise »mitspielen« würde. Wie auch immer – sie wurde zur Hauptperson. Wir mußten über das Gipsbein hinübersteigen, und es gab viel Applaus.

Ein anderes Mal spielte ich einen traurigen Abschied und mußte weinend mit meinem Koffer die Bühne verlassen. Aber eines Tages fiel der Abgang ganz anders aus als vorgesehen: die Kol-

legen hatten mir schwere Steine in den Koffer gepackt, und ich konnte ihn nur mit Mühe fluchend und keineswegs weinend zum Ausgang schleppen.
Und dann erzählte ich Nancy noch von dem Telefongespräch, das eine Kollegin in einem Fernsehspiel zu führen hatte. Bei den Proben hatte sie abwechselnd gesagt: »Ich kann mich nicht entscheiden« oder »ich kann mich nicht entschließen«. Als das Stück gesendet wurde — damals noch live — sagte sie in der Aufregung: »Ich kann mich nicht entscheißen.«
Aber jetzt ging's los.
Der Vorhang öffnete sich, und zu flotter Musik übte ein junges Mädchen in einem Hotelschlafzimmer Seilspringen. Ein winzig kleiner Büstenhalter mußte ihren gewaltigen Busen halten. Das gab schon einmal einen Riesenapplaus.
Sie sprach mit ihrem Liebhaber, der nebenan auf dem Klo zu sitzen schien und von dem man nur manchmal ein Grunzen hörte. Die Worte, die sie ihm zurief, erhielten durch ihre Bewegungen verfängliche Bedeutung. Das Publikum freute sich.
Das Telefon klingelte. Nanu, wer konnte denn das sein? Natürlich der Ehemann. Er war vorzeitig zurückgekehrt und würde jetzt auf der Stelle ins Hotel kommen. Große Freude ins Telefon, entsetzter Blick zum Klo. Au weia! Der Geliebte mußte unverzüglich verschwinden.

Sie eilte zum Klo, riß die Tür auf, aber, o Schreck, er lag auf dem Boden und schlief. Sie glaubte, er sei tot. Lacher. Ohne zu zögern, holte sie einen Wäschesack aus dem Schrank, stopfte den Geliebten hinein und verständigte die Müllabfuhr.

Nun überstürzten sich die Ereignisse: Der Ehemann kam und dann die Müllabfuhr, sie warfen den Sack auf einen Wagen, der Geliebte wachte auf, fing an, sich aus dem Sack heraus am Gespräch zu beteiligen. Das Publikum freute sich, der Ehemann wunderte sich. Ende.

Nun, nicht gerade ein künstlerisches Ereignis, aber es wurde frenetisch beklatscht. Für drei Dollar fühlten die Zuschauer – ich auch! – sich gut bedient. Wir hatten gut gegessen, viel gelacht, bequem gesessen und alles in allem eine amüsante Stunde verbracht.

La Opera

An einem der schönsten Plätze der Erde steht die blendend weiße Riesenskulptur »La Opera« — am Ende des Circular Quay, auf der Spitze einer Halbinsel, die weit in den Pazifik hineinreicht. Ein Fabelwesen aus einer anderen Welt, dem Meer entstiegen, mit geschwellten Segeln bereit, sich den Winden ringsherum hinzugeben. Sie hätte selbst Odysseus verzaubert, das empfand ich ganz spontan bei der ersten Begegnung.

Ich bemühte mich, das ganze Geschwätz zu überhören, das mit dem Problem »Oper« zusammenhing, ich wollte mir diesen ersten Eindruck nicht vermiesen lassen.

Die 35 Millionen Mark, die für den Bau kalkuliert worden waren, und die 400 Millionen Mark, die er dann schließlich kostete, gingen mich nichts an. Ärger, Intrigen, Fehlkalkulationen, technisches Unvermögen — solche menschlichen Unzulänglichkeiten mochte ich mit diesem Bau nicht in Zusammenhang bringen. Wer denkt angesichts der Pyramiden noch an die Schwierigkeiten bei der Errichtung, an die Sklaven, die unter der Last der Steinquader zusammenbrachen? Und wer denkt bei der Wiener Oper noch an das traurige Ende der beiden Architekten, an den Selbstmord von van der Nüll und den Herztod von Siccardsburg – weil die Akustik angeblich so schlecht war?

Als Gast im Lande habe ich das Recht, mich ganz unvoreingenommen über ein so herrliches optisches Angebot zu freuen.

Daß der Däne Jörn Utzon vor Ärger in der Halbzeit seinen Hut nahm und ging, braucht mich nicht zu interessieren – seine Sache.

Sein Projekt wurde unter 232 Entwürfen aus 62 Ländern der Erde ausgewählt. Als er dann doch aufgab, beauftragte man vier australische Architekten, die unter dem Zwang erheblicher Auflagen ein Konzept für den Innenausbau erstellten. Das Ergebnis war eine Kompromißlösung, und damit fing das Dilemma an: »Wie's innen ausschaut, geht niemand was an«? Im Gegenteil! Gerade bei einer Oper geht das sehr viele an.

Dann kam die Fama dazu, dieser Bau sei ein futuristischer Traum. Aus allen Teilen der Welt strömten Touristen in Scharen herbei und wurden durch diese neue Sehenswürdigkeit hindurchgeschleust. Die grandios geschwungenen Treppen waren ständig besetzt mit schlafenden,

rastenden, Brotzeit machenden Reisenden, und überall lagen Butterbrotpapiere, Bierflaschen und Scherben herum.
Das Innere steht in krassem Gegensatz zu dem phantastischen äußeren Bild: ein Mehrzweckbau, der einer Vielzahl von kulturellen Anforderungen genügen muß — eine Konzerthalle für 2700 Besucher, das Opernhaus selbst für nur 1500 Besucher (das war die größte Fehlkalkulation), das Sprechtheater mit 350 Sitzen und ein Kino für 420 Zuschauer. Dazu kommen Ausstellungsräume, Kongreßsäle, Studios für Rundfunk und Fernsehen, Restaurants und Bars.
Ich besuchte ein Konzert von Gyula Kiss, einem der berühmtesten europäischen Pianisten. Er begann mit dem Klavierkonzert in c-Moll von Mozart, und das »Sydney Symphony Orchestra« begleitete ihn.
Im Programm las ich, daß der Virtuose schon als Sechsjähriger mit dem Klavierspiel begonnen hatte. Ich stellte mir seine Jugend vor: keine Schneeballschlachten — er konnte sich Erfrierungen zuziehn; kein Turnen an Ringen oder Reck — das machte die Hände schwer; natürlich auch kein Tennis — das versteifte die Gelenke; kein Skifahren — er hätte sich was brechen können. Dafür sieben bis acht Stunden täglich Fingerübungen.
Ich hatte tiefes Mitgefühl mit ihm, schon bevor er

herauskam. Und als er dann kam, sah er genauso aus, wie ich ihn mir vorgestellt hatte: ein blasser junger Mann mit teigiger Haut, ungesund aufgeschwemmt und mit steifen, verhemmten Bewegungen. Er verneigte sich linkisch, und ich bemerkte, wie er seine Hände auf- und zumachte, um zu überprüfen, ob sie geschmeidig waren. Ein weltweit geliebter und anerkannter Künstler hatte offensichtlich Angst.

Er kam mir vor wie ein christlicher Märtyrer, der den Kampf mit dem Löwen aufnimmt — und 2500 Menschen waren gekommen, um diese Mutprobe eines einzelnen mitzuerleben.

Er setzte sich ans Klavier, und der Dirigent nickte ihm aufmunternd zu. Ich seufzte vor mich hin und dachte: »Hoffentlich bleibt er nicht hängen. Mattscheibe kann der Größte mal haben.«

Es wäre mir lieber gewesen, er hätte nach Noten gespielt, dann hätte ich vielleicht nicht solches Lampenfieber gehabt für ihn.

Er zog noch einmal schnell sein Taschentuch heraus und wischte sich über die Hände. Ich auch. Bleib bloß nicht hängen, Junge — toi, toi, toi!

Ich erinnerte mich an die Geigenkonzerte meiner Schwester. Wenn sie plötzlich — in einer winzigen Pause, in der das Orchester weiterspielte — ein Haar vom Bogen wegreißen mußte. Da starb ich tausend Tode.

Der Dirigent hob die Hände, und nun gab es kein

Zurück mehr. Er fing an — und wie bravourös, Läufe, Triller, makellose Tonpassagen. Ich gab meine zusammengedrückten Daumen frei.
Drei Sätze, dann war Pause. Ein enormer Applaus — der »Lohn der Angst«.
Ich ging auf die Plattform hinaus, die weit in den Pazifik hineingebaut war und fühlte mich wie Königin Christine auf dem Bug eines Schiffes. Das Licht des Mondes spiegelte sich glitzernd im Wasser. Kleine Boote und Fähren flitzten hin und her. Ein leichter Wind wehte und bauschte mein Abendkleid auf wie zu einem Segel — gleich würde ich abheben, so frei und fröhlich fühlte ich mich. Es roch nach Fischen, nach Meer und nach Salz. Ein schrilles Klingelzeichen befahl mich zurück in die Welt der Kunst. Ich zuckte zusammen und setzte mich gehorsam in Richtung Konzertsaal in Marsch.
Plötzlich blieb ich stehen und überlegte. Wie oft in meinem Leben hatte mich solch ein Klingelzeichen zurückgeholt zum Publikum? Wie oft schon war ich folgsam wie ein altes Zirkuspferd zurückgetrabt in die Manege? Meine Schritte waren niemals leicht und beschwingt gewesen, immer fühlte ich mich bedrückt vom Leistungszwang und dachte: »Bei der Generalprobe war ich viel besser« oder »Heute komme ich nicht an, die Leute mögen mich nicht oder sie mögen das Stück nicht«.

»Warum bist du so aufgeregt? Ihr habt doch drei Wochen probiert?« fragte mich oft mein Mann. Es gelang mir nie, ihm zu erklären, was Lampenfieber ist.

Er ging immer leicht und unbeschwert zu seiner Maschine, er beherrschte seine Materie.

»Als du den Suchflug machtest im Pamir, um Herrn von Gablenz mit seiner verlorengegangenen Maschine zu finden, warst du da nicht aufgeregt?«

Er lachte. »Aufgeregt? Nein.« Er war seiner Sache sicher. Wenn es um Rettungsaktionen geht, um Tod und Leben vieler Menschen, dann ist glasklare Ruhe und Überlegenheit sicher unerläßlich.

Aber wenn man die eigene Haut zu Markte trägt, weiter nichts, dann stellt sich das Gefühl des Nichtentsprechens ein, dieses »All that Jazz«. Es geht ja um nichts weiter als um das präzise Funktionieren von Körper, Geist und Seele. Um nichts weiter?

Das ist es ja gerade, was man Kunst nennt.

Ich schüttelte mich, machte mich frei von diesem Druck. Ich wollte nicht ins Konzert zurückgehen. Ich drehte mich um und kehrte leichten Herzens zurück zum Schiffsbug, zu Himmel, Mond und Sternen, Salz und Meer. Heute konnte ich es mir leisten. Ich ließ Mozart Mozart sein und Gyula Kiss allein mit seinen 2499 Bewunderern.

Ich ließ mich weiter vom Winde verwehn und dachte: Der größte Fehler beim Bau der Oper war wahrscheinlich, sie an den schönsten Platz der Welt zu setzen.

La Opera

Jean Wentworth

Der Presse-Tee

Der Presse-Tee war nicht zu stoppen.
Der deutsche Generalkonsul und alle meine Freunde meinten es ja so gut mit mir. Sie wollten mich ehren, und sie hätten mir auch eine Freude damit gemacht, denn ich bin gar nicht gegen Publicity. Im Gegenteil, ich lese mich sehr gerne in der Zeitung, besonders, wenn's was Gutes ist. Meine Bedenken hatten einen anderen Grund: ich fürchtete, es würde keiner kommen. Und das wäre eine Blamage für mich gewesen und für meine Freunde auch, die mich ja für berühmt hielten.
Aber was sollten die Journalisten über mich schreiben? Sie kannten keinen einzigen Film von mir — und selbst wenn sie einen gesehen hätten, glaube ich kaum, daß er bei ihnen angekommen wäre.
Alle meine Filme waren mehr oder weniger kleine, intime Kammerspiele. Es war mein Schicksal, die alltäglichen Sorgen und Freuden der jungen

Mädchen, später der jungen Frauen und Mütter und dann auch Großmütter darzustellen. In jeder dieser Rollen war es mir ein Bedürfnis, die Sehnsucht nach Liebe und Glück herauszuarbeiten, hautnah und so echt wie möglich. Immer waren es bescheidene Themen, die aber die wesentlichsten Dinge des Lebens erfaßten. Ohne Glanz und Glamour, ohne Sex und Kriminalität.
Der deutsche Generalkonsul wollte einen meiner Filme kommen lassen und im Fernsehen zeigen, um die Presse für mich zu interessieren. Aber das erschien mir sinnlos. Diese Filme waren zu wenig spektakulär, sind auch nie international bekannt geworden — »Regine«, »Annelie«, »Liebelei«, »Victoria«,»Einen Jux will er sich machen«, »Nora« waren Verfilmungen europäischer Literatur.
Ich war kein Weltstar.
»Ach, Louis, du bist eine gute Schauspielerin und besser als manche, die aus den USA kommt und hier einen Riesenbahnhof aufzieht!«
Das Kompliment nahm ich gern entgegen. Aber die Bezeichnung Weltstar hat für mich nichts mit schauspielerischen Qualitäten zu tun. Ich kenne viele Weltstars, die schlechte und langweilige Schauspieler sind, und ich kenne eine Menge unbekannter Kollegen, die ich so gut finde, daß ich mich vor ihrem Können tief verneige.
Wer ein Weltstar ist, bestimmt Hollywood — da-

mals wie heute. Auf eine Hollywoodkarriere habe ich bewußt verzichtet. Ich hatte einen Vertrag mit MGM für 700 Dollar die Woche, aber ich ließ Hollywood sausen. Robert Taylor sollte in meinem ersten amerikanischen Film mein Partner sein und er hätte mich vielleicht mit seinem Namen zum Weltstar gemacht.
Ein gütiges Schicksal entschied anders. Es bestimmte einen anderen Partner für mich, und der machte mich zu einer der glücklichsten Frauen der Welt. In Südamerika, im Flughafen von Arequipa, stand Wulf-Diether plötzlich vor mir. Er war der Flugkapitän meiner Maschine. Von diesem Augenblick an war er aus meinem Leben nicht mehr wegzudenken. Wie entsetzlich ist diese Vergangenheitsform, und deshalb schreibe ich, er *ist* aus meinem Leben nicht wegzudenken. Ein Filmerfolg ist vergänglich, schnell weg und vergessen. Aber ihn erkenne ich wieder in den Augen meiner Töchter und Enkel, in ihrem Lachen, ihren Bewegungen und Reaktionen. Das hat Bestand im Wandelbaren.
All dies versuchte ich dem Konsul und meinen Freunden zu erklären. Aber der Presse-Tee war schon arrangiert, er ließ sich nicht mehr rückgängig machen. Im »Hotel Wentworth« hatte man einen Salon reserviert. Na schön. Als Gast in einem Land darf man nicht unhöflich sein und muß sich fügen.

Wie vor jedem Auftritt machte ich ein kleines Kreuz. Ich war gefaßt auf gähnende Leere. Aber siehe da: im Salon drängten sich Fotografen und Journalisten. Kamaras blitzten wie eh und je, ich fühlte mich wie in guten alten Zeiten.

Edith eilte strahlend auf mich zu, sie war glücklich.

»Na siehst du«, sagte sie triumphierend, »du kannst sagen, was du willst, du bist eben doch ein Weltstar!«

Ich war selbst verblüfft, konnte mir das große Interesse kaum erklären. Als das erste Blitzlichtgewitter vorüber war, setzten wir uns, und Edith bestellte Sekt für alle – sie wollte mir eine gute Presse sichern.

Ich sah mich dieser Riesenversammlung von Journalisten gegenüber, die ihre Notizblöcke und Bleistifte in Bereitschaft hielten und mich erwartungsvoll anblickten, und dachte: ›Was werden die mich bloß fragen?‹

Eine Dame vom »Daily Mirror« machte den Anfang:

»Countess Castell, wir machen zur Zeit eine Artikelserie über den deutschen Adel, über die Burgen und Schlösser und darüber, wie Grafen und Barone heutzutage leben. Wir bewundern Ihre Tradition, denn wir sind ein junges Land, und unsere Leser interessieren sich sehr dafür. Eine Frage: Wie alt ist Ihre Familie?«

Jetzt ging mir ein Licht auf: es war die Countess, die zog. Wulf-Diether hat mir also doch einen weltweit klingenden Namen gegeben.
Ich nahm die Rolle dankbar an und sagte mit adeligem Understatement, das ich meinen Verwandten abgeguckt habe, leise lächelnd:
»Ich weiß das alles leider nicht so genau. Aber offiziell erschien der Name zum ersten Mal im achten Jahrhundert. Die vierte Frau von Carolus Magnus war eine Castell, sie hieß Fastrada und hatte einen Zauberring, mit dem sie Carolus Magnus in ewiger Liebe über den Tod hinaus an sich band. Er wollte sich auch im Tod nicht von ihr trennen. Man mußte ihr den Zauberring vom Finger ziehen, sonst hätte Carolus sich mit ihr begraben lassen. Der Ring wurde in einen See bei Aachen geworfen, und man sucht noch heute danach.«
Ich drehte an meinem Wappenring. Das ist nur eine Sage, aber ich dachte, sie würde ihnen Spaß machen. Der Erfolg gab mir recht. »Isn't it wonderful!« »Oh, that's great!«
Und dann wollten sie noch eine Geistergeschichte hören.
»Oh, da weiß ich viele!« sagte ich. »Da gibt es zum Beispiel einen großen schwarzen Hund, der soll sich bei einem Schloßbrand von der Kette gerissen haben. So um das Jahr 1000. Und immer vor einer drohenden Katastrophe erscheint er im

Schloßhof, und seine Kette rasselt hinter ihm her.«
Auch diese Gruselgeschichte kam gut an.
»Ihren Neffen, Graf Faber-Castell, haben Sie wohl nicht mitgebracht? Er war ja erst kürzlich hier auf einer Public-Relation-Reise. Er hat die Filiale seiner Bleistift-Fabrik in Sydney besucht«, meinte einer der Journalisten.
Eine hübsche junge Rothaarige fragte: »Ist er schon verheiratet, der Toni? Er war ja liiert mit Yasmin.«
Jetzt fing es an, mir zu stinken. Wieso interessierten sie sich denn so gar nicht für mich? Ich bin zwar kein Weltstar – aber so ohne bin ich ja nun auch wieder nicht.
Das hätte ich ihnen gern gesagt, aber da kam die Frage:
»Verstehen Sie etwas von Bleistiften?«
Ich sagte: »Nein, aber ich verstehe etwas von Fischen, ich habe eine Forellenzucht in den Bergen.«
»Sind Sie nicht auch Schauspielerin? Welche Rollen haben Sie denn gespielt?«
Ich nannte Stücke, von denen ich annahm, sie müßten sie kennen: »Frau Warrens Gewerbe«, »Lady Windermeres Fächer«,»Jane«. Meine Filme erwähnte ich erst gar nicht.
Nun kam eine so direkte, unverblümte Frage, wie man sie selten gestellt bekommt, und mir blieb

für einen Augenblick die Spucke weg: »Sind Sie reich?«
Alle Augen waren auf mich gerichtet und die Bleistifte gezückt. Was sollte ich darauf sagen? Sie meinten Geld, und ich hätte am liebsten gesagt: ›Ja, reich an Erfahrung, an Jahren, an Wissen.‹
Ich umging eine direkte Antwort und erzählte, daß wir Flüchtlinge sind. Wir mußten vom Gut meines Mannes vor den Russen fliehen und lebten viele Jahre ganz verarmt. Seither habe ich ein anderes Verhältnis zu Besitz und Geld. Und ich lebe immer so, als müßte ich irgendwann einmal mit leichtem Gepäck und nur mit dem, was ich am Körper trage, weitermarschieren.
Darauf schrieb eine Zeitung: »Countess Castell hat Angst vor den Russen, deshalb hat sie ihren ganzen Goldschmuck umgehängt.«
Sie waren alle fort. Ich saß allein in der Hotelhalle und bestellte mir einen starken Mokka. Mir vis-à-vis, lorbeerumkränzt, die Marmorbüste von Mr. William Charles Wentworth. Ich betrachtete sein Gesicht und versuchte darin zu lesen wie in einem Bilderbuch der Geschichte. Wann fing das an? Wie war das damals? 1790 wurde er auf einem Segelschiff nach Australien geboren und war das erste weiße Baby in New South Wales. Sie nannten ihn »the greatest Australian«, »the Father of the Australian Constitu-

tion«. Er gründete die Universität, schrieb ein berühmtes Gedicht »Australasia«, verlegte die erste freie australische Zeitung, kämpfte für die Pressefreiheit und setzte sich — als Sohn einer Convict — für die politische Gleichberechtigung der ehemaligen Sträflinge ein.

Ich betrachtete ihn ganz objektiv und kam zu dem Schluß, daß ich den Kerl nicht mochte. Je länger ich ihn ansah, desto unsympathischer wurde er mir. Ein knallharter Politiker. Im Fernsehen hätte ich ihn gleich abgedreht.

Nach allem, was ich von ihm wußte, gab ich ihm die Schuld für das größte australische Problem: Als geistiger und politischer Führer Australiens hatte er mit seiner negativen, arroganten Einstellung zu den Aboriginals, den Ureinwohnern, den gesamten Kontinent beeinflußt.

In seiner »Statistical, Historical, and Political Description of the Colony of New South Wales« schrieb er über sie:

> »Die Ureinwohner dieses Landes befinden sich auf der untersten Entwicklungsstufe der menschlichen Art. Sie haben weder Häuser noch Kleidung; sie haben keinerlei Kenntnisse von der Landwirtschaft; selbst die Waffen, mit denen sich einige Stämme gegen die Angriffe ihrer Nachbarn schützen, und die Jagd- und Fischgeräte, mit deren Hilfe sie sich Nahrung verschaffen, sind von primitivster Art und

Ausführung. Dreißig Jahre Zusammenleben mit den Europäern haben nicht die geringste Veränderung in ihren Gewohnheiten bewirkt; und selbst jene, die am meisten mit den Kolonisten in Berührung kamen, waren in keiner Weise dazu zu bewegen, sich einem zivilisierten Leben zuzuwenden.«

Dieser letzte Satz ärgerte mich ganz besonders. 4500 Jahre lebten die Aboriginals auf diesem Kontinent, und jetzt sollten sie innerhalb von dreißig Jahren die Lebensweise des Herrn Wentworth übernehmen. Was mir dagegen an ihm gefiel, war sein Explorer-Geist: zusammen mit Blaxland und Lawson überquerte er 1813 die Blue Mountains – eine Abenteuerreise in die unbekannte Wildnis. Diese Erstüberquerung der Blue Mountains galt als große Pioniertat.

Ich trank meinen Kaffee aus und ging.

Über die Blue Mountains

Wentworth, Blaxland und Lawson starteten die erste Überquerung der Blue Mountains am 11. Mai 1813. Sie hatten vier Diener bei sich, zwanzig Gepäckträger, fünf Hunde und vier Pferde. Sie brauchten einen Monat und vier Tage für diese Unternehmung.

Wir fuhren am 1. September 1981 los: Nancy, ihr Mann Charles, den ich den »schönen Charles« nannte, und ich. Wir hätten es leicht in zwei Stunden schaffen können, denn wir hatten ein starkes Auto, und Nancy war eine hervorragende Fahrerin, wenn nicht...

Nun ja, das war so. Es gibt achthundert Eukalyptus-Arten – Iucalyptos, wie Charles es englisch sagte. Dreihundert davon hatte er mir schon in Canberra im »Botanic Garden« gezeigt und die anderen dreihundert im »Kuringai«, dem »Wildflower Garden« von Sydney. Es blieben also noch die zweihundert übrig, die in den Blue Mountains standen, und so mußten wir sehr oft anhalten und aussteigen, damit Charles sie mir erklären konnte. Ich erfuhr interessante Dinge, daß zum Beispiel die blaue Farbe der Blue Mountains von den starken Ausdünstungen dieser Spezies käme, die scheinbar ganz besonders »vaporising« waren und die Luft durch die Strahlenbrechung so blau färbten. Er nannte sie — ich schrieb immer wie ein eifriger Schüler mit — Eucalyptus manifera subspecies maculosa. Ich dachte: ›Was man benannt, hat man erkannt.‹ Und vergaß den Namen sofort wieder.

Charles sah nie auf die Straße wie ein normaler Beifahrer, sondern er saß wie abgeknickt im Wagen und blickte unablässig mit angespannter Aufmerksamkeit in den Wald oder Busch, um besondere Pflanzen zu entdecken, die er mir dann mit dem größten Vergnügen erklärte.

Sein blasses, faltenloses Gesicht (daher »schöner Charles«) blieb völlig unbeweglich, wenn er irgendeine für mich interessante Pflanze erblickte. Er tippte dann nur leicht aufs Lenkrad und sagte mit gelangweilter Stimme: »Nancy, stop please.« Nancy, mit der schnellen Reaktion einer Fliegerin — stand sofort.

Charles stieg aus und stakste in den Wald, vorsichtig, als würde er sich an ein wildes Tier heranschleichen, und ich folgte mit Heft und Bleistift — wie ein richtiger Streber. Nancy blieb geduldig sitzen. Sie war sehr stolz auf das Wissen von

Charles und sie freute sich über mich. Meine Neugierde und mein Interesse galten ja ihrem Land. »You are hungry for information, Louis, and you will get it«, sagte sie immer wieder.
Charles baute sich vor dem Baum oder Strauch oder dem Gegenstand, den er mir erklären wollte, auf. Er machte eine lange spannende Pause und sagte dann, wie zu einem Kind: »You see Louis.« Und dann ging's los. Er erklärte mir liebevoll und bis ins Detail die inneren biologischen Vorgänge als wären es seine eigenen Probleme.
So sagte er zum Beispiel: »Der Eukalyptus ist ein ganz außergewöhnlicher Baum. Er hat zwei ganz verschiedene Blättersorten — die jungen sind herzförmig und gelbgrün, you see«, er hielt die Blätter zärtlich wie Kinderköpfe in seinen Händen, »sie sehen aus wie Lindenblätter und sie strecken sich der Sonne entgegen, weil sie die Lichtstrahlen zum Wachstum brauchen.«
Er hob die Zweige an, ohne eine Miene zu verziehen, aber mit innerer Verzückung.
»Die älteren sind in Form und Farbe gänzlich verschieden. Die grünbraune Farbe rührt von der Wachsschicht her, die sie vor Verdunstung schützt. Die lanzettenförmig schmalen Blätter bieten keine Angriffsflächen für die austrocknenden Sonnenstrahlen.«
Er warf die Arme hoch, streckte seine elfenbein-

fireproof

farbenen Hände in die Luft und ließ die Finger dann müde hängen.

»You see, diese Bäume können vier bis fünf Jahre ohne Regen auskommen, weil ihre Wurzeln alle Feuchtigkeit in ihrer Umgebung gierig aufsaugen, selbst den winzigsten Tautropfen. Sie sind der Schrecken aller Schafzüchter, weil das Gras um sie herum ausdorrt.«

Wir fuhren weiter. Beim etwa hundertfünfzigsten Stop zeigte Charles mir den Eukalyptusbaum, der die Spezialdiät für den Koalabären darstellt. Täglich fahren Leute vom Taronga-Zoo in Sydney hierher, um frische Zweige zu holen, ohne die der gefangene Koala im Zoo sofort eingehen würde. Er frißt täglich zweieinhalb Pfund von diesen Blättern. Von den vielen verschiedenen Eukalyptus-Arten nimmt er nur ganz wenige an, die besonders wasserspeichernd sind. Er trinkt in seinem ganzen Leben keinen Tropfen Wasser; daher auch der Name »Koala«. Aus der Eingeborenensprache übersetzt heißt das »kein Wasser« oder »trinkt nicht«. Nur einmal in seinem Leben, kurz vor seinem Tod, trinkt er einige Liter, und dann stirbt er. Warum das so ist, weiß man noch nicht. Charles verneigte sich ein wenig; er hat großen Respekt vor den Geheimnissen der Natur.

Die Blätter dieser Spezies enthalten obendrein Blausäure, die betäubend wirkt und den Koala in

eine Art Trance versetzt. Wie aus weiter Ferne kommend macht er zeitlupenartige Bewegungen wie ein Drogenabhängiger.
»Der Koala schläft fast immer«, beschloß Charles seinen Vortrag und gähnte laut.
Langsam und aufrecht wie zwei Koalas bewegten wir uns zum Auto zurück.
Nancy lachte: »Nun, Charles, Darling, da kann ich dir nur raten: denk an den Koala und trink nicht mehr!«
Wir machten eine Kaffeepause in Katoomba. Der Name Katoomba – »viel Wasser« oder »Wasserfall« – geht auf die Eiszeit zurück. Damals wurde der Berg unterhöhlt, und es entstanden die »Jenolan Caves« mit ihren einmaligen Tropfsteinformationen.
Nancy wollte mir unten im Keller des Coffee Shops unbedingt noch ein kleines privates Museum zeigen, das ein »Sonderling« aus eigenen Mitteln aufgebaut hatte.
Charles reagierte auf Nancys Vorschlag richtig ärgerlich, was für sein vornehmes englisches Temperament sehr ungewöhnlich war. Nun war meine Neugierde erst recht geweckt.
»Nancy«, sagte Charles blasiert und zugleich gereizt, »warum willst du ihr das zeigen! Es ist eine Blamage für die Wissenschaft und für Australien. Nichts als stuff and nonsense.«
»Don't be so dramatic, it gives her some informa-

tion, that's all!« Nancy war wirklich okay. Wir stiegen die Treppe hinab ins Museum. Charles blieb erst oben, aber dann folgte er uns doch.
Auf halber Treppe hörten wir eine schnarrende Männerstimme vom Tonband, die ohne Punkt und Komma sprach. Ich verstand überhaupt nichts. Nancy erklärte, das sei der Direktor. Sie tippte sich dabei an die Stirn – er wäre gerade dabei, jemanden anzupumpen wegen seiner nächsten Expedition.
Charles murmelte ärgerlich etwas Unverständliches. Schon wieder wurde er ganz unenglisch. Mein Interesse wuchs immer mehr.
Das Museum bestand nur aus einem kleinen Kellerraum, der beherrscht wurde von einem künstlichen Riesen oder Affenmenschen mit der unübersehbaren Beschriftung »Yowi«. Ringsum hingen Fotografien an den Wänden, davor standen Körbe mit Gipsabdrücken. Was hatte das zu bedeuten?
Plötzlich sah ich das Tonband, das gar kein Tonband war, sondern der Herr Direktor höchstpersönlich, der in einer Ecke stand und telefonierte. Ein mittelgroßer Mann mit aufgestellten Stachelhaaren wie ein Igel und rotem Gesicht, der, ohne Atem zu holen, auf seinen Gesprächspartner am anderen Ende der Leitung einredete. Er war mit einem solchen Eifer bei der Sache, daß er unser Kommen überhaupt noch nicht bemerkt hatte.

Nancy, ladylike wie immer, ließ das nicht lange zu. Sie trat vor ihn hin und sagte ruhig aber bestimmt:
»Excuse me, I am Nancy Bird Walton. I'm a member of UCI. Mister Walton is a University-Professor. And this is Countess Castell from Germany. She is very interested in your museum.«
Ich hörte Charles hinter mir laut aufstöhnen. Der Direktor verneigte sich formvollendet und sagte in die Muschel hinein, das Museum sei voll mit Wissenschaftlern, Professoren und Gräfinnen aus dem Ausland, die alle seine Funde und Forschungsergebnisse kennenlernen wollten. Er würde später zurückrufen. Im Geiste hörte ich seinen Gesprächspartner auch aufstöhnen.
Charles bezahlte den Eintritt – er war ziemlich hoch – und meinte trocken: »Too much!«
Der Direktor stellte sich höflich vor und sagte: »Ich habe eine epocheumwälzende Entdeckung gemacht.«
Er hielt inne und sah uns über seine Brille hinweg beschwörend an.
Ebenso bedeutungsvoll fuhr er fort: »Ich habe die Spuren des Yowi gefunden.«
Er zeigte uns die in Gips gegossenen Riesenfüße.
»Ich habe lange Jahre hindurch mit den Aboriginals im Busch gelebt. Meine Freunde sind geniale Spurenleser. Wir haben gemeinsam diese Abdrücke gefunden und sie in Gips gegossen als Be-

weis für meine weltverändernde Entdeckung. Sie kennen mit Gewißheit die Theorie, die von großen Wissenschaftlern vertreten und belegt wird — daß nämlich der Kontinent Australien einst als großer Meteorit vom Himmel fiel. Ich bin von ihrer Richtigkeit überzeugt, und Sie gewiß auch.«

Er kratzte sich an seinem kurzgeschorenen Igelkopf.

»Wie anders soll man sich die einmaligen Erscheinungsformen von Tieren, Pflanzen und Mineralien erklären, die es sonst nirgends auf der Welt gibt. Nun gut, ich glaube, darüber sind wir einer Ansicht. Zusammen mit dem Meteorit kamen auch die Riesengeschöpfe aus der Dreamtime. Als nämlich vor 45000 Jahren die Aboriginals, die Steinzeitmenschen, von Asien hierher einwanderten (sie feiern übrigens immer noch den Tag ihrer Ankunft), über viele Inseln, die inzwischen versunken sind, lebten die Yowis, wie wir sie nennen, schon hier und vermittelten ihnen ihr spirituelles Wissen und ihr magisches Können.«

Wieder kratzte er sich.

»Auf geheimnisvolle Weise sind diese Wesen dann verschwunden. Aber im tiefsten, unbegehbaren Busch, wohin ich meine Expeditionen mache, sind diese magischen, scheuen Kreaturen noch auffindbar.«

Charles, der unentwegt den Kopf geschüttelt hat-

KATOOMBA
Fußspuren des Yowi aus Gips

te, stöhnte gequält auf, ließ das Stöhnen aber schnell in einen Husten übergehen.
Ich ärgerte mich ein bißchen über ihn, ich fand den Vortrag hochinteressant, denn solche Dinge höre ich immer gern. So fragte ich ostentativ, ob ich vielleicht so einen Gipsfuß als Souvenir erwerben könnte.
Der Direktor hob bedauernd die Schultern. Nein, das ginge leider nicht, das Museum habe noch keine Lizenz, deshalb seien die Füße vorläufig noch unverkäuflich. Aber Universitäten und Schulen hätten sie bereits angefordert, um diese seine wichtige Entdeckung der australischen Jugend zugänglich zu machen. Bescheiden war er gerade nicht.
Dennoch war ich nur allzu bereit, ihm zu glauben.
»Yowi klingt so ähnlich wie Yeti«, sagte ich, »gehören sie vielleicht ein- und derselben Riesenfamilie an? Dem Yeti bin ich im Himalaya begegnet.«
Charles blickte verzweifelt gen Himmel, schüttelte vorwurfsvoll den Kopf und sagte beschwörend: »Louis!«
Charles' englisches Entsetzen ließ mich kalt; ich verstrickte mich immer mehr, weil meine Phantasie es so wollte.
»Also nicht ihm persönlich«, schränkte ich ein. »Der Yeti ist ja auch so ein Riesenwesen, das an-

gezweifelt wird«, ich warf Charles einen leicht verächtlichen Blick zu, »wobei ich überzeugt bin, daß es ihn gibt. Eines Abends, als ich zusammen mit meinem Mann am Fuße des Anapurna am Lagerfeuer saß, erzählte einer der Sherpas, daß seine Schwester – es kann auch die Freundin der Schwester gewesen sein – dem Yeti begegnet sei. Er hat sie bei ihrem Zopf gepackt, aber sie hat sich gewehrt, und da hat er ihr den Zopf abgerissen. Sie hatte auch tatsächlich eine Glatze. Das habe ich selbst gesehen, als der Sherpa sie mir am nächsten Tag zeigte.«

»Wahrscheinlich hatte sie Läuse«, sagte Charles hinter mir.

Fuchsteufelswild drehte ich mich um.

Beschwichtigend meinte Charles, es gäbe schon merkwürdige Dinge auf der Welt. »Aber wollen wir nicht gehen, Nancy? Es wird schon dunkel.«

Nancy wollte nicht und ich erst recht nicht. Uns gefiel's hervorragend.

»Der Yeti«, erzählte ich dem Direktor, »soll ein Riese gewesen sein mit rotblonden Haaren und einem Bart, und es heißt, er wäre manchmal auf zwei und manchmal auf vier Beinen gelaufen. Wie ist das mit dem Yowi?«

Der Herr Direktor meinte, Handspuren habe er noch nicht gefunden, aber eine Verwandtschaft zwischen »Yeti« und »Yowi« sei keineswegs auszuschließen.

Er konnte es kaum mehr erwarten, zu seiner nächsten Expedition aufzubrechen.
»Woher denn«, fragte er, »sollen die Aboriginals ihre Totems und Tabus, ihre magischen Gesichte haben, wenn nicht von diesen rätselhaften Wesen aus einer anderen Welt?«
Nancy und mir leuchtete das völlig ein. Ich war Feuer und Flamme bei der Idee, vielleicht einmal bei so einer Expedition mitmachen zu können.
Die Möglichkeit schien nicht ausgeschlossen. Er hatte bereits dreißig Leute aktiviert, lauter Fachleute, Anthropologen, Mediziner, Fotografen und Journalisten. Die erste Begegnung zwischen Mensch und Riese würde grandios sein, unfaßbar.
»Der reine Wahnsinn«, meinte der Direktor atemlos.
»Das glaube ich auch«, kommentierte Charles trocken.
Wir verabschiedeten uns wie alte Freunde und er versprach, mir das Datum seiner nächsten Expedition mitzuteilen.

Eine breite Asphaltstraße zog sich von Katoomba ins Land hinein. Die Nacht war stürmisch und kalt.
»You see«, sagte Charles und deutete auf die jungen Eukalyptusbäume, die sich im Winde bis zur Erde hinabbogen.

Unten im Tal sahen wir das heimelig erleuchtete Cave-House liegen, mit seinen vielen Terrassen und Holzveranden. Im Prospekt war es angekündigt mit kaltem und warmem Wasser, Heizung, gutem Essen und freundlicher Bedienung.
Die Koffer mußten wir selbst in die Zimmer tragen. Das ist in Australien selbstverständlich. Alles, was der Gast selber tun kann, soll er gefälligst selber tun.
Vor dem Hotel herrschte große Unruhe und Betriebsamkeit. Eine Menge Busse standen herum; Kinder und junge Leute drängten sich in Gruppen; sie unterhielten sich erregt.
»Was ist denn hier los?« fragten wir. Aber wir erhielten nur ausweichende Antworten: »She'll be allright.«
Nancy schaffte es dann doch. Der Portier erklärte ihr, wie so oft seien ein paar Schulklassen zum Kletterunterricht eingetroffen. Bisher wäre noch nie etwas passiert, die Kurse würden immer von Fachleuten geleitet. Aber heute sei ein Junge verunglückt, er hinge noch mit dem Seil über einer Spalte, weil der Karabiner sich verwickelt hätte und er deshalb den Boden nicht erreichen könne. Sturm und Dunkelheit machten die Rettung des Jungen unmöglich. Die Rettungshubschrauber waren aber schon verständigt, und bei Anbruch der Morgendämmerung wollte man den Jungen in Sicherheit bringen.

»No problem, everything's allright.«
Die Nachricht bedrückte uns alle. Obwohl das Essen wirklich vorzüglich war, brachte ich fast nichts hinunter. Ich höre den Sturm draußen heulen – wir waren immerhin 1000 m hoch – ich spürte die Verzweiflung des Jungen, der da in der dunklen Nacht am Seil hilflos hin- und hergeschleudert wurde.
Nancy versuchte mich abzulenken. Sie hatte den Reiseführer gezückt und las vor:
»1812 hat sich hier der erste Weiße, ein Convict namens MacKean, in einer der zahlreichen Höhlen versteckt. Damals war hier noch totale Wildnis. Er war von der Gefängnisinsel Norfolk Island hierher geflohen und lebte viele Jahre als Buschranger in der Höhle. Er verunsicherte die Gegend, raubte die Farmer aus, stahl ihre Schafe und bedrohte sie nachts. Erst ein Polizist kam auf seine Spur. Er entdeckte hinter einer Höhle eine kultivierte kleine Farm, die der Convict MacKean angelegt hatte und auf der er jahrelang versteckt lebte. Der Polizist nannte diese Höhle ›Devil's Coach-House‹. Und den Namen behielt sie.«
Ich versuchte mir Mr. MacKean vorzustellen: ein Verbrecher, aber ein Kraftprotz, seelisch und körperlich.
Erst hatte man ihn in Irland zum Tod verurteilt, dann – wahrscheinlich seiner Arbeitskraft wegen – begnadigt zu lebenslänglicher Zwangsar-

beit in Australien. Er hatte die Überfahrt von neun Monaten auf einem Segelschiff, mit Ketten und Eisenkugeln an den Füßen, überstanden sowie die härteste Zwangsarbeit auf Norfolk Island.

Wenig Freundschaft, wenig Liebe gab es in seinem Leben. Allein lebte er da in der Wildnis, ohne jeden menschlichen Kontakt. Ich sah ihn vor mir: groß, muskulös, mit langen lockigen Haaren und harten herabhängenden Mundwinkeln.

In aller Herrgottsfrühe trat ich zur ersten Führung an. Charles und Nancy begleiteten mich bis zum Höhleneingang.

Der Führer stand schon in Erwartung der Touristen. Wir waren zehn. Finster wie ein Gefängniswärter blickte er uns an, als er uns die Karten abnahm. Er trug eine Soldatenmütze auf dem Kopf; lange Locken quollen darunter hervor. Seine herabhängenden Mundwinkel gaben ihm einen verbitterten, pessimistischen Gesichtsausdruck. MacKean? Vielleicht hatte er doch nicht ohne Liebe gelebt. Ein Nachkomme? Ich bildete mir es jedenfalls ein.

Zögernd setzte sich unser kleines Trüppchen in Bewegung. Ein Brett leitete uns über einen kleinen Fluß, und dann führten ein paar Stufen abwärts.

Der Luftdruck hatte sich verändert und auch der

Sauerstoffgehalt. Es war unheimlich still im Berg. Niemand sprach ein Wort. Wir warteten auf den Fremdenführer.
Er kam, stellte sich in Positur und räusperte sich gewaltig: »Meine Damen und Herren, ich beginne jetzt mit der Führung durch dieses Wunderwerk der Natur, die fünfundvierzig Minuten in Anspruch nehmen wird. Wir werden insgesamt zweihundert Stufen gehen, durch niedrige Gänge von 1,40 m Höhe, bis in eine Tiefe von 500 m herabsteigen. Meine Damen und Herren, der Weg wird uns zum Teil zwingen, uns in gebückter Haltung zu bewegen. Deshalb ist es meine Pflicht, Sie darauf aufmerksam zu machen, daß nur Menschen mit gesundem Herzen und einwandfreiem Kreislauf an dieser Führung teilnehmen können. Andere mögen umkehren, da keine Haftung übernommen werden kann.«
Er machte eine bedeutungsvolle Pause, aber niemand hatte den Mut wegzugehen. Er schloß die schwere Eisentür lauter als nötig. Es klang wie die Gefängnistür in Norfolk Island. Dann schritt er voraus und wir hinterher.
Der Gang wurde immer enger und enger, wir mußten gebückt gehen. Wir erreichten eine Plattform. »Jetzt sind wir im Skeleton House.«
Fragend sahen wir uns um und erblickten an den Felswänden rings um uns — wie einzementiert — Knochen.

MacKean erklärte: »Ein Aboriginal, der vor rund 40000 Jahren oben auf dem Berg jagte, ist durch eine Spalte in die tiefe Höhle hier abgestürzt. Sein Leichnam wurde von dem unterirdischen Fluß erfaßt und mit solcher Wucht herumgewirbelt, daß die Knochen an die Wand geschleudert wurden und dort versteinerten. Wissenschaftler haben die Knochen untersucht und den Hergang so rekonstruiert. Die Eingeborenen aber meinen, daß ihr Vorfahr keine Ruhe finden kann. Sie glauben im Tropfen des Wassers jammernde Töne in ihrer Sprache zu erkennen. Hören Sie es?«

Wir hörten es.

Plötzlich rief eine Dame mit leichter Hysterie in der Stimme:

»Ich glaube, ich kann doch nicht mitgehen, Entschuldigung, aber ich bekomme keine Luft mehr, bitte, schnell zurück!«

Der Führer verstand erst lange nicht oder er tat so, als verstünde er nicht.

»Wie? Was?« Dann wurde er richtig böse. Er hätte ja wirklich deutlich genug gesagt, daß man es sich überlegen solle. Nun müßten die anderen eben hier im Skeleton House warten.

Mit leisem Unbehagen warteten wir auf seine Rückkehr. Dann ging's weiter: Wir sahen riesige, herrliche Tropfsteingebilde, die in ihren abstrakten Formen Wunderwerke waren. Stalagmiten und Stalaktiten wuchsen sich entgegen, oft nur

mit einem Tropfen pro Tag. Aber in 500000 Jahren kommt schon was zusammen.
Leider wurde die Phantasie sofort in Grenzen gewiesen, die bizarren Formen trugen konventionelle Namen: »Engelsflügel«, »Moschee«, »Vogelnest«, »Minarett«, »orientalischer Palast« (es fehlte nur der dicke Ölscheich), »Tempel des Baal«, und ein Gebilde hieß sogar »Penis«. Aber um das zu sehen, braucht man nicht viele hundert Meter in den Berg hinabzusteigen. Alles ist »like«: »like this and like that«.
Plötzlich meinte unser Führer, wir hätten nun alles in den wunderschönsten Farben gesehen, nun wolle er uns zu einem ganz einmaligen Erlebnis verhelfen. Mit diesen Worten drehte er das elektrische Licht aus und überließ uns der totalen Finsternis.
Es war stockdunkel. Ich schwitzte vor Angst. War der Mann verrückt geworden? Wie lange mußten oder sollten wir nun so stehen bleiben? Vielleicht war er längst weggegangen und wollte gar nicht zurückkommen. Keiner von uns hatte eine Taschenlampe bei sich, niemand hätte den Weg zurück gefunden. Keiner wagte sich zu rühren, regungslos wie Stalagmiten standen wir da. Ich weiß nicht, wie lange. Sicher kürzer, als es mir vorkam.
Als der Führer mit heiserem Lachen wieder Licht machte, sahen wir alle sehr bedrückt aus. Es war

wohl weniger das Erlebnis der Dunkelheit, das uns erschreckt hatte als die beklemmende Erkenntnis, einem solchen »Führer« ausgeliefert zu sein.

Als ich ins Hotel zurückkehrte, hatten Nancy und Charles noch nicht in Erfahrung gebracht, was mit dem Jungen geschehen war. »She'll be allright, mate!« meinte der Portier.
Ich wunderte mich. Wieso sagte er »she«? Es handelte sich doch um einen Knaben.
Nancy lächelte. »Ach, das stammt noch aus früheren Zeiten«, sagte sie, »das ist so ein kumpelhafter Ausdruck aus der Convict-Zeit. Die Deportierten litten unter ewigem Frauenmangel. Deshalb bezeichneten sie alles, was ihnen erstrebenswert erschien oder was ihnen gefiel, mit ›she‹. Und dazu drehten sie so komisch den Kopf. Es heißt, diese Kopfbewegung käme von den schweren Ketten, die die Convicts um den Hals tragen mußten.« Nancy drehte den Kopf und sah mich spitzbübisch an. Sie schien selbst nicht so ganz daran zu glauben.
Zurück in Sydney las ich im Killara-Lokalblatt, daß der Junge in jener Nacht erfroren war. Er stammte aus Killara, seine Eltern wohnten dort – in dem Bezirk, in dem man »für immer bleiben« soll.
Sein Foto war auf dem Titelblatt abgebildet, ein

hübscher, schwarzhaariger Junge. David hieß er. Die Schuldfrage wurde diskutiert: War der Lehrer schuld, der diese Kletterei befohlen hatte? Hatte die Polizei zu langsam, die Rettungswacht zu spät reagiert? Der Sturm hatte den Lauf des Wasserfalls verändert, der Junge hatte siebzehn Stunden im kalten Sprühregen gehangen. Was half es, den Schuldigen zu finden? David war tot.

Goldrausch und Glockenvögel

Wir näherten uns dem Turron River.
In Sofalla kaufte Nancy für zwölf Dollar Gold Dishes, das waren keine goldenen Schüsseln, sondern Schüsseln zum Goldwaschen.
Charles kaufte sich eine Zeitung und blieb im Auto sitzen, um zu lesen. Er interessierte sich nicht für solche nostalgischen Albernheiten.
Wir marschierten über die lange Brücke, die zum Golden Point führte, der Biegung im Fluß, wo um 1850 der große Goldboom stattfand mit allem was dazu gehörte: Glück, Liebe, Mord und Totschlag.
Ich trug eine Schaufel über der Schulter und Nancy einen Pickel; die Schüsseln trugen wir unter dem Arm. Gegenseitig einzugestehen trauten wir es uns nicht, aber natürlich hofften wir doch, daß der Fluß uns das Gold nur so herantragen würde.
Das war uns sogar die nassen Füße wert, die wir

bekamen, als wir ohne Gummistiefel zu der kleinen Insel im Fluß hinüberwateten.
Erst ein paar Tage zuvor hatte Nancy in der Zeitung gelesen, daß ein Kind hier einen faustgroßen Goldklumpen gefunden hätte. »Gold is the magic dream of people«, meinte sie gedankenverloren.
Ein bißchen Herzklopfen hatte ich. Ich befand mich im Goldrausch, obwohl ich genau wußte, daß ich nichts finden würde. Ich habe nicht die geringste Begabung für sowas. Gold finden ist eine Typfrage, das ist nicht drin in meinem Schicksal, würde nicht zu mir passen. Wenn ich einen Goldklumpen gefunden hätte, dann hätte ich ihn sofort wieder zurückgeworfen — oder auch nicht.
Mit dem Goldwaschen kannte Nancy sich genau aus. Sie nahm eine Schaufel voll Dirt aus dem Fluß, kippte ihn in ihre Schüssel — eigentlich ein Sieb — tauchte die Schüssel ins Wasser, hockte sich nieder und entfernte größere Steine oder Lehmklumpen. Mit der linken Hand drehte sie den Dirt nach rechts gegen den Uhrzeiger, mit der rechten Hand drehte sie ihn nach links mit dem Uhrzeiger. Die leichteren Bröckchen fielen aus dem Sieb. Sie schwenkte die Schüssel von links nach rechts und von rechts nach links; was dann noch übrig blieb, waren die schweren Sachen — Gold zum Beispiel. Fürs Gold hatte

Nancy einen Extrabehälter mitgenommen. Sie suchte mit ernsthaftem, versunkenem Eifer.
»Wenn du plötzlich einen Riesennugget fändest, Nancy, was würdest du tun?«
Nancy kicherte: »Oh, I would take it and be happy!«
Sie schüttelte die Schüssel und murmelte mit beschwörender Stimme: »Steine raus, Gold bleibt.« Aber es blieb nichts, und sie schüttete alles weg.
»Shit!« fluchte sie gar nicht ladylike.
Hoffnungsvoll blickte sie in meine Schüssel. Sie hätte mir so sehr einen oder mehrere Nuggets gewünscht. Ich wäre ja schon zufrieden gewesen, wenn wir wenigstens die zwölf Dollar für die Schüsseln wieder reingekriegt hätten.
»Du weißt, wie man Gold gewinnt«, sagte ich. »Ich weiß, wie man Silber gewinnt.«
Fragend blickte Nancy mich an mit ihren hellen Augen, von denen sie eins immer ein wenig zudrückte, weil es so leicht tränte, das hatte sie noch von der Fliegerei in den offenen Maschinen.
»Tja, man geht in eine Silberpappelallee, macht ›pst‹, dann hört das Pappeln auf und das Silber bleibt, haha!« Den Kalauer mußte ich einfach machen, um mein Goldfieber unter Kontrolle zu halten.
Plötzlich fielen drei Schatten auf den Turron River. Als ich aufsah, standen drei Reiter auf dem erhöhten Ufer. Rums! Sehr männlich — in Leder

gekleidet, mit karierten Hemden und großen Hüten, die ihre Gesichter fast verdeckten. Ich hätte sie auf Anhieb besetzt mit Yul Brynner, Clint Eastwood und John Wayne.
Dabei waren sie echt.
Sie sahen finster auf uns herab, dafür waren sie ja engagiert.
»Was treibt ihr hier?« fragte John Wayne furchteinflößend.
»Oh dear, das seht ihr doch, wir versuchen Gold zu finden.«
Wir lachten, denn wir fanden sie eigentlich ganz fesch.
Aber die drei verzogen keine Miene.
Ich sagte: »Das habe ich schon alles gefunden.« Ich zeigte auf meine fünfzehn Armreifen und meine Halsketten. Aber sie fanden das gar nicht komisch. Sie hatten keinen Sinn für unseren Humor.
»Wißt ihr nicht, daß das verboten ist?« fragte Brynner.
»Nein wirklich, Darling, das ist mir neu. Wo steht das denn?« Nancy sah sich suchend um.
»Shut up! Das ist Privatgrund hier, verstanden! Und jetzt haut ab, aber 'n bißchen schnell!« sagte Brynner barsch.
Und Eastwood griff an die Stelle, wo man vom Film her weiß, daß da der Revolver sitzt.
Nancy meinte, wir sollten lieber gehen — ohne

Widerstand zu leisten. So schulterten wir unser Werkzeug, ließen Gold Gold sein und traten den Rückzug an. Bevor wir die Brücke überquerten, drehten wir uns noch einmal um.
Die drei standen noch immer da wie ein steinernes Reitermonument.
Mitten auf der Brücke drehten wir uns noch einmal um. Rums! Sie waren weg, wie vom Erdboden verschluckt. Reiten konnten sie – Superstars eben.
»Na sowas! Ihr seid schon wieder da? Wo habt ihr denn das Gold?« fragte Charles hinterhältig.
»Ach«, meinte Nancy so ganz nebenbei, »heute weht der Southerly Busta, da kann man einfach kein Gold finden.«
Sie startete mit einem solchen Karacho, daß es mich fast nach vorne schleuderte. Aha, wütend war sie also doch.
Wenig später hatte sie sich ganz offenbar schon wieder gefangen.
»Schade, daß wir nichts gefunden haben!« meinte sie bedauernd. »Du hättest so toll darüber schreiben können. Das wäre doch eine echte Sensation gewesen.«
»Na, was meinst du, was ich getan hätte, wenn ich wirklich Gold gefunden hätte, Nancy? Ich hätte es unterm Bett versteckt und kein Wort darüber verlauten lassen. Zuhause hätten sie mir doch sonst bloß Steuern dafür abgenommen.«

Nancy war und blieb enttäuscht.
»Bis jetzt haben wir wirklich nichts erlebt, worüber du schreiben könntest«, klagte sie.
»O doch«, behauptete ich im Brustton der Überzeugung. »Ich könnte – na, ich könnte doch zum Beispiel über euch schreiben, ein typisches australisches Ehepaar mit englischem Touch. Das ergäbe ein ganz schön dickes Buch. Zuerst beschreibe ich euch so wie ihr seid, mit euren guten und schlechten Eigenschaften, dann kreise ich euch ein bis zur Intimsphäre, und dann lege ich richtig los!«
Die beiden waren ehrlich entsetzt. Sie bekamen eine richtig puritanische Haltung und wehrten energisch ab.
»Doch, doch«, beharrte ich. »Und das Buch wird heißen: ›Luise Ullrich packt aus‹.«
»Nein, das darfst du auf keinen Fall tun«, sagte Nancy streng.
Aber dann fügte sie gleich neugierig hinzu: »Was würdest du denn über uns schreiben?«
So ist es ja immer, erst wehrt man sich – aber dann ist Publicity doch etwas Schönes, auch in Australien.
»Na, ich würde dich, Nancy, als eine ganz und gar emanzipierte Frau schildern, die im eleganten Abendkleid, ohne sich schmutzig zu machen, einen Autoreifen auswechseln kann – ganz Dame und ganz Monteur. Als eine Großmutter, die ih-

ren Enkelkindern mit atemberaubender Geschwindigkeit ein komplettes Menü kocht – und zwar ganz nach Gusto jedem etwas anderes. Als eine Frau, die ebenso problemlos in ihrem Flugzeug Australien überquert. Diese Nancy dirigiert einen großen Haushalt, schaut aber doch immer mit einem Auge auf ihren Charles, ob alles in seinem Sinne ist. Sie setzt sich leidenschaftlich ein für die neue Frauenbewegung, läßt aber Charles dabei immer das Gefühl, daß er der Boß ist. Und das ist er ja wohl auch. Er kann sich seinen Wissenschaften widmen und er könnte ohne Nancy nicht leben.«

Charles wehrte englisch ab: »Oh, jetzt wirst du auch noch rührselig.«

Nancy bat: »Bitte, schreib nicht über uns.«

»Niemals«, versprach ich hoch und heilig. »Ich meinte ja bloß, es wäre ein Thema. Aber wenn ihr durchaus nicht wollt, bitte sehr. Was haltet ihr denn davon, wenn ich über die Bell Birds schreibe?«

»Gibt's die denn bei euch nicht in Deutschland?« fragte Nancy.

»Nancy, Darling«, rügte Charles, »dort haben sie doch nur ›Amsel, Drossel , Fink und Star‹.«

»Und was willst du darüber schreiben?« fragte Nancy neugierig und zugleich geringschätzig.

»O Nancy, diese Vögel haben mich total verzaubert. Ihr Gesang hat mich mitten ins Herz getroffen. Als der ganze Wald anfing, mit hellen und mit dunklen Tönen zu klingen – ding-dong, ding-dong – das ging mir richtig nahe. Seit mehr als vierzig Jahren bemühe ich mich, Töne zu finden, die nahe gehn, die ans Herz rühren. Das ist schwieriger, als man glaubt. Und so ein kleiner Vogel beherrscht das mühelos, wahrscheinlich gerade deshalb, weil er gar keine Wirkung erzeugen will.

Denk nur, die große Callas mußte manchmal ausverkaufte Konzerte absagen, weil sie sich an dem Abend nicht imstande fühlte, diese wunderbaren Töne hervorzuzaubern. Caruso, der größte Sänger aller Zeiten, wurde ohnmächtig, wenn er die riesigen Plakate seiner Konzerte sah. Er war immer unsicher, ob ihm die Töne gelingen würden, die das Publikum von ihm erwartete und forderte.

Und unsere kleinen gefiederten Kollegen singen den ganzen Tag und überanstrengen sich nie. Sie singen so ohne Hemmung, frei, ganz selbstverständlich füllen sie mit ihren Stimmen, die aus dem kleinen Kehlkopf kommen, den ganzen großen Wald. Ich könnte neidisch werden, wenn ich daran denke, wieviel Zeit und Mühe ich aufwenden mußte, um Atemtechnik, Zwerchfell und Stimmbänder so zu trainieren, daß man mich zumindest bis in die zwölfte Stuhlreihe versteht.

Und am Schluß könnte ich auch noch schreiben,

daß es gar nicht um die Technik geht. Kannst du das verstehen? Man kann die ganze Technik vergessen, wenn die innere Einstellung zur Rolle stimmt. Wenn Vorstellung und Phantasie richtig da sind, dann folgt die Stimme mühelos und von selbst. Ja — und das wäre dann die Pointe.

Denn so ist es, denke ich, auch bei den Bell Birds. Sie sind glücklich, sie freuen sich ihres Lebens, sie sind verliebt.

Dabei ist ihr Leben bestimmt nicht leichter als unseres. Immer auf der Flucht, immer auf der Hut vor Katzentieren oder Raubvögeln. Und dann — sie leben ja nur einen einzigen Sommer.«

Charles brummte: »Das wissen sie aber nicht.«

»Nein«, meinte ich heiter. »Aber das ergäbe doch fast schon wieder ein Buch, Charles«, ich war ganz aufgeregt, »›Macht Wissen unglücklich?‹ oder ›Macht Unwissenheit glücklich?‹«

»Schon gut«, sagte Nancy, »wenn du die Bell Birds so erlebt hast... Ich hab's ganz anders gehört. Ich dachte, das Ding-dong wäre ein Fehler im Getriebe.«

Besuch in Dabee

Über eine hochherrschaftliche Auffahrt näherten wir uns Dabee: rechts und links gepflegter englischer Rasen, vor uns das Herrenhaus im Kolonialstil.

Greenway begann im Jahre 1820 mit dem Bau, der im Laufe von zehn Jahren in der typischen Convict-Bauweise aus großen Steinquadern errichtet wurde.

Greenway selbst war als deportierter Sträfling nach Australien gekommen. Es heißt, er habe nur ein Stück Brot gestohlen. Der damalige Gouverneur Macquori erkannte sehr schnell seinen guten Geschmack und seine architektonische Begabung und erklärte ihn zum freien Settler. Greenway wurde der erfolgreichste Architekt seiner Zeit in Australien.

Macquori erteilte ihm den Auftrag, auf seinem riesigen Besitz dieses mächtige Herrenhaus zu erbauen. Das Grundstück hatte Macquori sehr preiswert erworben, indem er einem eingebore-

nen Stammeshäuptling eine Halskette mit einer großen Messingmedaille umhängte. Da die Aboriginals als Nomaden kein Besitzdenken kennen, hat der Häuptling sich über die Kette bestimmt sehr gefreut. Mehr als über Geld, mit dem er nichts hätte anfangen können.
Macquori errichtete eine große Viehzucht, und er setzte Fitzgerald, der aus einer alten englischen Familie stammt, aber ebenfalls als Strafgefangener gekommen war (angeblich hatte auch er nur ein Stück Brot gestohlen), als seinen Verwalter ein.
Die beiden wurden gute Freunde. Als Macquori starb und seine Witwe wieder nach England zurückkehrte, schenkte sie das Anwesen Fitzgerald und seiner Familie.
Wir besuchten seinen Enkel Richard Evans, den Erben von Dabee.
Über einer herrschaftlichen Treppe ruhte auf vielen Holzsäulen das vorgezogene Dach. Die zierlichen Arkaden erinnerten mich an »Gone with the wind« und an die Anfangszeit der Kolonie.
Eine Frau öffnete. »I'm Nancy Bird Walton and...« begann Nancy.
Die Frau unterbrach sie sogleich: »Und ich bin die Frau des Gärtners.« Bedauernd fügte sie hinzu: »Die Herrschaften sind leider nicht zu Hause. Sie mußten überraschend weg.«
Erstaunt und enttäuscht blickten wir uns an. Naß

das Herrenhaus.
plötzlich ist es weg
Patent 150 Jahre alt,
Convict-Bauart

und durchgefroren vom Goldsuchen wie wir waren, hatten wir uns sehr auf einen warmen, behaglichen Abend gefreut.

»Mr. Evans«, sagte die Frau, »hat sich gestern zwei Zähne ausgebissen, und deshalb sind Mr. und Mrs. Evans heute früh mit dem Auto nach Sydney gefahren.«

O Gott, eine Überquerung der Blue Mountains wegen zwei Zähnen – vier Stunden hin und vier Stunden zurück.

»Warum sind sie nicht mit ihrer Maschine geflogen?«

»Wir haben Southerly Busta«, sagte die Frau mit einem respektvollen Blick gen Himmel, »der verändert alles, da hält man sich besser ans Auto. Aber bitte, kommen Sie doch herein.«

Drinnen war es noch kälter als draußen.

Die Frau sagte: »Der Kamin kann sofort angezündet werden. Das Holz liegt draußen im Gang in der Kiste. Die Küche ist dahinten links, falls Sie Tee machen wollen. Die Koffer können Sie hier hereinstellen, das Auto können Sie lassen, wo es ist.«

Sie lächelte freundlich und war verschwunden. Nancy und Charles wunderten sich in keiner Weise über ihre Dickfelligkeit. In Australien ist das eben so.

Charles holte ein paar Arme voll Holz aus der

Kiste und zündete ein Feuer im Kamin an. Im Zimmer waren es höchstens fünfzehn Grad.
Auch das ist in Australien nichts Besonderes: selbst die reichsten Leute haben keine Heizung, dabei gibt es Kohle in Hülle und Fülle. Gerade jetzt hatte man wieder ein riesiges Vorkommen entdeckt, ganz in der Nähe, über Tage, wo die Kohle ganz einfach abgeschürft werden kann. Und Holz gibt es mehr als genug.
Aber die kalte Zeit dauert nur ein Vierteljahr, während der übrigen Monate schwitzt man. Fertig.
Ich behielt den Mantel an. Schnatternd vor Kälte standen wir vor dem Kamin. Nancy brachte den Tee.
Ein zahmes Känguruh sprang draußen von Fenster zu Fenster und schaute neugierig herein. ›So einen Pelz müßte man haben‹, dachte ich.
Plötzlich ging die Tür auf, und die beiden Evans kamen schnellen Schrittes herein. Ein bezauberndes älteres Paar, das sich bei den Händen hielt (kein Wunder, sie waren erst ein paar Jahre verheiratet). Trotz der schlohweißen Haare wirkten beide jung und voller Spannkraft. Ihre braungebrannten Gesichter strahlten uns an. Ich fand es gleich viel wärmer im Zimmer.
»Entschuldigt... der Zahnarzt... ist es warm genug? Habt ihr gleich hergefunden?« fragte Beryl. Und beide sagten wie aus einem Munde: »Wir

freuen uns, daß ihr da seid.« Ich glaube, sie freuten sich wirklich.
Dann tranken wir miteinander Tee.
»Am Montag werden die Schafe geschoren«, sagte Beryl. »Dafür müssen wir noch einiges vorbereiten. Wollt ihr euch ein wenig ausruhen?«
Ich wollte, und alle begleiteten mich in mein Zimmer. Verblüfft sah ich mich um: es wirkte alles sehr einladend und gemütlich. Ein elektrischer Ofen verströmte sanfte Wärme, das Bett war frisch bezogen, mein Koffer stand auf der Truhe.
Wer hatte das alles hergerichtet? Das konnte nur Beryl gewesen sein. In der kurzen Zeit! Sogar meine Blume, eine Prothäa aus den Blue Mountains, die Charles für mich gepflückt hatte, stand in einer kleinen Vase auf dem Tisch.
Dick Evans, der ebenfalls mitgekommen war, starrte verwundert auf die Pflanze. »Wie kommt die denn hierher, die wächst doch hier gar nicht?« fragte er nachdenklich.
Ich dachte: ›Sieh da, wie naturverbunden die Australier doch sind.‹ Wie kommt eine Blume hierher, die überhaupt nicht hier wächst? Die Frage beschäftigte ihn ernstlich.
Nun war Charles in seinem Element.
»You see, Dick«, fing er an, und dann war er nicht mehr zu bremsen. Er erzählte von der Prothäa, der Banxia und der Grovilla, die zu einer

Familie gehören und deren Intelligenz bewundernswert ist.
»Sie haben Schutzkaspeln, hart wie Stein, you see. Es ist etwas Silikon in ihnen enthalten, und wenn Feuer ausbricht, durch Blitz oder durch Selbstentzündung, dann schließen sich diese Schutzkapseln, und der Samen bleibt absolutely fireproof. Bei Abkühlung öffnet sich die Kapsel – manchmal geschieht das erst nach Jahren –, der Samen fällt unbeschädigt heraus, und der Busch wächst weiter.«
Dick interessierte das nicht übermäßig. Er nickte beifällig und meinte bloß: »Na, hoffentlich brennt's heute nacht nicht.«
Er zeigte mir die Fensterverschlüsse, die seit hundertfünfzig Jahren die gleichen geblieben sind, von Greenway genial erfunden: zum Schutz gegen die Buschranger, Räuber, damals wie heute.
»Es gibt nichts Besseres: an jedem Fensterladen ein Eisenhaken, und wenn man sie verschließen will, legt man einen Querbalken darauf.«
Sie ließen mich allein. Um sieben Uhr würden wir uns in der Halle treffen – in Australien sagt man nicht neunzehn Uhr.
Ich hatte Angst, ins Bett zu schlüpfen, weil ich es mir klamm und kalt vorstellte. Aber zu meiner größten Verwunderung war es mollig warm von der elektrischen Heizdecke. Ich kuschelte mich

hinein und ließ mich von der zärtlichen Wärme umfangen.

Es wurde ein Abend ganz im englischen Stil. Die Damen in lang: Beryl trug ein rotes Wollkleid und Nancy einen schottischen Kaminrock; die Herren trugen weiße Rollkragenpullis unter dem Blazer.

Ich zog alles an, was ich hatte, weil mir so kalt war.

Wir nahmen einen Drink, Whisky pur. Auf der weißen Wand des Kamins sah ich plötzlich eine handtellergroße schwarze Spinne sitzen. Ich starrte sie mit weitaufgerissenen Augen entgeistert an. Kam das vom Whisky?

Auf einmal bemerkte ich, daß die anderen mich mit vergnügten, erwartungsvollen Augen beobachteten, die ausdrückten: ›Jetzt wird sie gleich schreien!‹ Aber den Gefallen tat ich ihnen nicht. Ich hielt sie nämlich für künstlich.

»Artificial?«

»Na, faß sie doch an«, meinte Charles mit aufmunterndem Lächeln.

»Ist sie giftig?«

»Nicht unbedingt.«

Ich tippte ihr mit einem Stäbchen auf den Hintern, und sie bewegte sich langsam weiter.

»Fernsteuerung?« fragte ich lauernd. Ich hielt sie für ein Spielzeug, aber da irrte ich mich gewaltig.

Es war die Hausspinne der Evans, Miss Rosalind, die abends immer zum Cocktail kam. Charles sagte, sie sei eine Sydimella Rubrosignata.
Wir setzten uns an den traumhaft gedeckten Tisch. Kleine Vasen mit rosa Blumen standen auf einer weißen Spitzendecke, und rosa Kerzen verbreiteten ein mildes, feierliches Licht.
»Wer hat denn das alles so schnell vorbereitet?«
Es war wie ein Wunder. Beryl? Sie nickte fröhlich. Während ich schlief und mich aufwärmte, hatte sie das alles ganz allein und ohne Hilfe auf den Tisch gezaubert.
Zu essen gab es natürlich den obligaten, köstlichen Lammbraten mit Kartoffeln, grünen Bohnen, Mintsoße; hinterher Eis.
»Den Braten habe ich schon im Morgengrauen fertiggemacht«, meinte Beryl, »vor der Zahnarzttour.«
Die vier kannten sich schon ewig. Dazu kam das Interesse für die Fliegerei, das sie verband.
Dick war von 1942 bis -45 im Krieg gegen die Japaner gewesen. Er war in Indien stationiert und flog die Thunderbolt.
Beryl arbeitete bei der WAAF — Women Australian Air Force; als Sporttrainerin bildete sie Flakhelferinnen aus. Daher ihr freundliches, diszipliniertes Wesen und ihr bewundernswertes Organisationstalent. Das war nicht nur natürliche Begabung, sondern auch jahrelanges Training. Ei-

gentlich eine Traumfrau: lächelnd, elegant, geschickt, alles im Griff.
Dick, Beryl und Nancy sprachen über die Fliegerei, Charles war ein wenig in Gedanken versunken, und ich hatte plötzlich den Anschluß verloren. Mir fehlten die Vokabeln. Die vielen fliegerischen Ausdrücke, die die drei sich zuwarfen, hätte ich schon auf deutsch nicht verstanden. Ich nahm an, daß sie sich über technische Probleme unterhielten wie »take off« und »landing«, das sah ich an ihren Händen, die sich steil auf- und wieder abwärts bewegten. Das war aber auch alles, was ich mitbekam.
Dieses Handvokabular war mir wohlvertraut von meinem Mann. Ich dachte an ihn, und er fehlte mir sehr. In der Tischrunde war ein unüberbrückbares Loch entstanden.
Er war nicht da, und ich fiel aus!
Wäre er dagewesen, dann hätte mich das Gespräch bestimmt interessiert, er hätte mir eine Brücke gebaut. Es war seine Art, komplizierte Dinge einfach zu sehen – und dann wurden sie einfach, auch für mich.
Plötzlich ärgerte ich mich über mich selbst. Ich saß da wie ein Häuflein Unglück. Warum konnte ich die Situation, das fünfte Rad am Wagen zu sein, nicht eleganter nehmen? Ich stand auf, ergriff ganz selbstverständlich die Weinflasche und schenkte nach. Glücklicher-

weise hatte niemand etwas von meiner kleinen Krise bemerkt.

Beryl hob die Tafel auf und setzte sich ans Klavier, das eigentlich mehr eine Klaviermaschine war. Sie stellte eine Tonart ein und trat mit dem linken Fuß auf einen Hebel, wie bei einem Harmonium. Und das Klavier spielte die Begleitung von selbst – m-dada, m-dada – zur Melodie, die Beryl mit der rechten Hand nach Noten anschlug.

Dick sang laut und fröhlich dazu: »Hallo, Dolly«, m-dada, »that's me, Dolly«, m-dada, »I'm happy that you're here again tonight...«

Er packte Nancy um die Taille und tanzte mit ihr im Foxtrottschritt cheek to cheek, wozu er sich ziemlich weit herunterbeugen mußte. Er warf mir dabei feurige Blicke zu.

Ich konnte sie nicht erwidern. Es wurde noch ein turbulenter Abend, heiter und unbeschwert. Aber ich fiel aus.

Vor dem Schlafengehen sagte Beryl zu mir: »Mach deine Tür fest zu, sonst kommt das Känguruh in dein Bett.«

Das kleine zahme Känguruh war das zweite Haustier der Evans und liebte es, in den Gästebetten zu schlafen. Aber ich hatte größere Angst vor Miss Rosalind.

Frühstück gab es in der Küche. Da die australischen Frauen keine Hilfe im Haushalt haben, sieht so eine Küche für gewöhnlich aus wie der Maschinenraum eines mittleren Dampfers.

Beryl, elegant wie immer, lief auf hohen Stöckelschuhen – tiptap, tiptap – hin und her und fragte mit gedämpfter Stimme wie ein gut geschulter Kellner im Grandhotel: »Tee, Kaffee, Orangensaft, Toast, Cornflakes, Porridge, weiche Eier – fünf Minuten –, Spiegeleier?«

Dick holte aus dem Gefrierhaus einen großen Schweinebraten; zu Mittag hatten sich Gäste angesagt.

Mit einem elektrischen Messer schnitt er Rillen in die Schwarte, rieb liebevoll wie ein Masseur den Schweinebauch mit Knoblauch, Salz und Kümmel ein und sang dazu: »Hallo, Dolly, that's me, Dolly...«. Das schien sein Lieblingslied zu sein.

Beryl machte dazu im Vorbeigehen: »M-dada, m-dada.«

Die beiden waren ein offensichtlich gut eingespieltes Team; es machte ihnen Spaß, gemeinsam zu arbeiten. Sie waren »good sport«.

Bei uns hat man neuerdings den »Hausmann« entdeckt und man erwartet sich von ihm eine Veränderung in Familie und Gesellschaft – in Australien gibt es ihn schon seit zweihundert Jahren. Vielleicht sind die Ehen deshalb so gut und die Scheidungsquote niedriger als bei uns.

Glen Davis

Nancy schlug vor, nach Glen Davis zu fahren. Sie meinte, die Freunde, die zu Besuch kämen, wären nicht so besonders aufregend, und ich sollte lieber die Geisterstadt kennenlernen.
Mr. Webb, ein Freund von Dick, holte uns ab. Per Auto fuhren wir ein paar Stunden Berge hinauf und hinunter, Täler rein und raus.
Unterwegs fragte ich unserem Fahrer Löcher in den Bauch. Geisterstadt? Ich konnte mir überhaupt nichts darunter vorstellen.
Mr. Webb erzählte: Von 1942 bis 1950 etwa hatte man diese Stadt unter enormen Kosten aufgebaut. Grund war das reiche Schiefervorkommen, aus dem in Raffinerien Öl gewonnen werden sollte. Einige Großkonzerne zeichneten verantwortlich: Australian National Oil, British Petrol und Shell. Da konnte eigentlich gar nichts schiefgehen mit dem Schiefer. Aber es ging eben doch alles schief.

Ich fragte — wie immer —: »Warum?«
»Ja, warum«, sagte Mr. Webb und dachte lange nach.
»Gleich zu Beginn gab's eine Riesenexplosion. Der Schiefer im Berg entzündete sich, das Gas explodierte. Heute noch hört man im Berg Detonationen, weil die Explosionen weitergehen. Man bekommt sie nicht unter Kontrolle. Das Ganze war ein Desaster größten Ausmaßes.«
»Und wie ging's weiter?«
»Ja wie?« überlegte er. »Aus ganz Australien schaffte man die modernsten Maschinen durch die Wüste heran, baute Häuser für zweitausend Angestellte. Aber dann war die große Pleite eben doch nicht aufzuhalten.«
»Aber warum?«
»Ja, warum«, sinnierte Mr. Webb und gab Gas.
»Es gab noch ein fürchterliches Hochwasser. Das ganze Tal und die Minenstadt standen unter Wasser, ein Meter hoch, über zwei Jahre lang. Ich habe ja selbst als Ingenieur dort gearbeitet, ich weiß, wovon ich rede. Wir konnten uns nur mit kleinen Schiffen fortbewegen. Shit! O pardon.«
»Aber drei Weltkonzerne müssen doch mit einem Hochwasser fertigwerden können. Warum hat man keine Dämme gebaut?«
»Ja, sicher. Aber wir führten Krieg gegen die Japaner, und die guten Leute waren alle eingezo-

gen. Wir bekamen nur schlechte Arbeiter, teuer und faul.«

»War das wirklich der Grund?«

Mr. Webb versuchte zu erklären, was er selbst nicht genau wußte.

»Dazu kam noch die Gewerkschaft; sie verlangte plötzlich horrende Löhne.«

Er schwieg eine Weile.

»Na ja, und dann hat der Premierminister das Unternehmen endgültig gestoppt. Und dann war alles zu Ende.«

Keine dieser Erklärungen überzeugte mich wirklich. Ich hätte mir gerne ein Bild gemacht, aber irgendwie paßten die Einzelstücke nicht zusammen; diese Erklärungen befriedigten mich nicht. Irgend etwas war da faul. Sicher waren einige dabei zu Millionären geworden und viele zu Bettlern. Wie meistens bei einer Pleite.

Als wir uns der verwüsteten, verfallenen Minenstadt näherten, begriff ich überhaupt nicht, warum ich Hunderte von Kilometern durch Busch und Wildnis hatte fahren müssen, um so einen Trümmerhaufen zu sehen.

Wußten sie nicht, daß wir in Deutschland fünfzehn Jahre lang nichts anderes gesehen hatten als kaputte, verbrannte Häuser, Ruinen und Trümmer? Warum sollte das für mich eine Attraktion sein?

Ich sah Fabrikschlote, die zusammengefallen wa-

ren, und nur an den Ziegelhaufen erkannte ich die Höhe der Kamine, sehr hoch, zu hoch.
Rostige, verbogene Schienen für Förderwagen liefen durch die Stadt, standen aufgerissen zum Teil senkrecht in die Luft. Transportbänder und eine große Raffinerie waren noch zu erkennen.
Wir gingen zu den kleinen Häuschen der Angestellten. Der trockene Wind pfiff durch die zerschlagenen Fenster.
Mr. Webb blieb stehen. Aus einem der Fenster wehte eine zerschlissene Gardine. »Hier haben wir gewohnt«, sagte er mit resigniertem Lächeln. »Diesen Stoff hat meine Frau persönlich aus Sydney geholt.« Er lachte und schüttelte den Kopf. »Sie wollte unbedingt dieses Muster mit den grünen Tupfen haben.« Er schüttelte wieder den Kopf. »Wir hatten das Fenster ganz genau ausgemessen. Sie hat dann die Vorhänge genäht.« Jetzt verstand ich, warum sie Glen Davis eine Geisterstadt nannten.
Irgendwo vor einer Ruine lag ein vergammelter Kinderschuh.
»Das Kostbarste ist die Zeit, die man verloren hat«, sagte Mr. Webb. »Die kann einem niemand ersetzen.«
Er hob den verschimmelten Schuh auf und warf ihn mit Zorn wieder zurück.
Wie viele Hoffnungen waren in diesen Trümmern begraben. Weder Bomben noch Feindflüge

hatten diese Verwüstung herbeigeführt, sondern überstürzte Gewinnsucht. Nur weil der Saldo nicht stimmte, machte man einfach einen Strich durch das Ganze und überließ es dem Verfall. Oder gab es doch noch eine andere Erklärung?

Patsy M. Pherson

Auf dem Rückweg bat uns Mr. Webb, einen Augenblick auszusteigen, er wollte uns etwas zeigen.

Wir klommen eine steile Böschung hoch, überquerten eine breite, verwilderte Hochebene, kletterten dann nochmals höher und standen plötzlich vor einigen bemoosten, verwitterten Grabsteinen.

Auf einem von ihnen war ein Gedicht eingemeißelt, darüber der Name Patsy M. Pherson:

»Weep not for me, my husband dear,
I am not dead, but sleeping here.
Death may one day soon visit thee
therefor prepare to follow me.«

Ganz unten stand die Jahreszahl 1811.

Mr. Webb sagte: »Das ist meine Entdeckung. In Sydney findet man es gar nicht einmal der Mühe wert, dem nachzuforschen, so wenig arbeiten die Provinzen zusammen. Mr. William Charles Wentworth hat ja angeblich mit Blaxland und

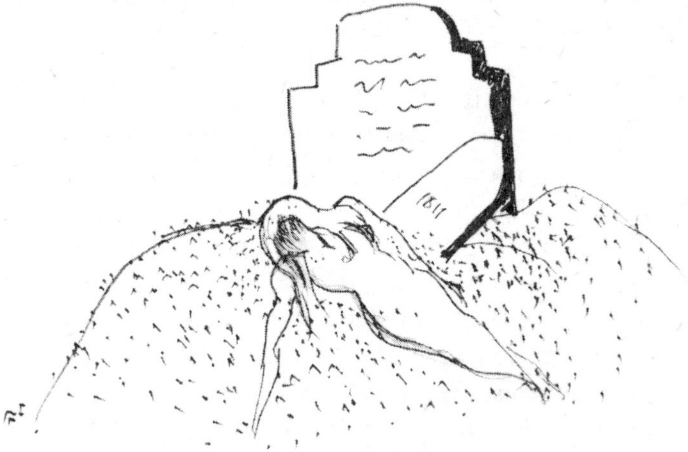

PHERSON

Lawson 1813 die Blue Mountains zum ersten Mal überquert. Aber ob hier vorher schon einige Leutchen waren, darüber hat wohl noch nie jemand nachgedacht.«

Das Gedicht rührte mich. Wer mochte es verfaßt haben? Es mußte Patsy M. Pherson selbst gewesen sein. Wahrscheinlich während einer langen, schleichenden Krankheit, bei der ihr der Tod Gewißheit war. Unter Tränen hatte es ihr Mann dann nach ihrem Tod in den Stein gemeißelt. Deshalb konnte sie eigentlich nicht verunglückt sein, wie ich zuerst gedacht hatte. Auch Kindbettfieber war es nicht: eine lange, mühsame Schwangerschaft hätte sie weniger schwärmerisch sein lassen. Und bestimmt hätte sie dann auch das Kind in ihr Gedicht mit einbezogen.

Ich stellte sie mir zart, blaß und blond vor. Aber so konnte sie nicht ausgesehen haben: eine Settlersfrau, die auf dem Feld arbeitete, Kartoffeln anbaute, Kühe molk, Strümpfe strickte aus derber, selbstgesponnener Schafwolle, die konnte einfach nicht so sein, wie ich mir Patsy gerne vorstellen wollte. Sie hatte ja vorher, wahrscheinlich ganz allein mit ihrem Mann, die Blue Mountains überquert – nicht, wie Herr Wentworth zwei Jahre später, mit acht Dienern, vier Pferden und fünf Hunden.

Woher nahm sie nur diese Heiterkeit, die Gewißheit des Wiedersehens im Jenseits? Ich hätte

brennend gerne mehr über ihr Schicksal gewußt. Deshalb schrieb ich dem Deutschen Generalkonsul in Sydney, er möge doch bitte ausfindig machen, wer Patsy M. Pherson war, die doch offensichtlich schon vor der berühmten Erstüberquerung die Blue Mountains bewältigt hatte.
Ich erhielt mit Datum vom 8. Dezember 1981 folgende Antwort:

> Generalkonsulat
> der Bundesrepublik Deutschland
> Consulate General
> of the Federal Republic of Germany
>
> Liebe Gräfin Castell,
> Ihr letzter Brief hat uns einiges Kopfzerbrechen bereitet, und zwar besonders wegen des Fräuleins Patsy Pherson, das in keinem der durchforschten historischen Werke zu finden war. Wir hatten die Hauptbibliothek in Sydney und die für Vaucluse zuständige Woollahra Municipal Library dabei eingespannt. Letztere bot an, die Blue Mountains Public Library in Katoomba anzuschreiben. Wenn von dort eine positive Nachricht kommt, werden wir sie Ihnen zuleiten. Vielleicht teilen Sie uns inzwischen mit, wo Sie den Grabstein aus dem Jahre 1811 gesehen haben. Diesseits der Blue Mountains sind natürlich schon früher Siedlungen gewesen.

Über die Erstüberquerung der Blue Mountains 1813 durch Blaxland, Lawson und Wentworth erhalten Sie anbei Fotokopie des »Journal of a Tour of Discovery Across the Blue Mountains.«

Ich hoffe, daß Ihnen diese Informationen nützlich sein werden und verbleibe mit den besten Wünschen für die bevorstehenden Feiertage

Ihr

gez. Dr. Gottfried Pagenstert, Generalkonsul

Das Tagebuch von P. W. Spriggs mit dem Titel »The Founding Fathers« habe ich gelesen. Verständlicherweise stand nichts von jenen Settlern darin, die vor den drei Herren die Überquerung gemacht hatten. Das gäbe ja auch eine kleine Revolution.

Da ich von hier aus sowieso nicht genau rekonstruieren kann, wo das Grab sich befindet, wird Patsy M. Pherson wohl ihre ewige Ruhe behalten.

Was sollte sie auch mit so einem Lorbeerkranz anfangen, wie man ihn Wentworth, Blaxland und Lawson auf ihre dicken Köpfe gedrückt hat?

Schafschertag

Um sieben Uhr früh ging's los. Vom Giebel des Herrenhauses klingelte laut eine Glocke: heute ist Schafschertag!
In der Küche hatte Beryl wie immer alles unter Kontrolle. Dick kam eilig herein. Es war schon sein zweites Frühstück, das erste hatte er mit der Scher-Crew eingenommen. Er trug eine schmutzige graue, enge Lederhose, Stiefel, eine schwarze vergammelte Lederjacke und einen Rollkragenpulli. Unter dem flachen australischen Schäferhut quollen seine weißen Locken hervor – er hätte jederzeit einen älteren Schäfer in einem Krippenspiel abgeben können.
Er ließ den Hut auf – das ist wohl Sitte bei Schäfers – und sagte freudestrahlend:
»Girls, ich muß euch was erzählen. Jetzt horcht mal gut her: seit hundertfünfzig Jahren arbeiten nur Männer bei der Schafschur. Heute ist zum ersten Mal ein Mädchen dabei.«

Das Tiptap von Beryls Schuhen stoppte plötzlich. Es wurde ganz still in der Küche.
»Ein Mädchen?« echote Beryl. Und setzte mütterlich hinzu: »Wie alt ist denn die Kleine?«
Dick setzte sich zu Tisch und fing mit großem Appetit zu essen an.
»Siebzehn ist sie«, sagte er begeistert, »sweet seventeen, mit einem Ponytail, einer kecken Nase und einem kurzen Röckchen. Trotzdem scheint sie sehr tüchtig zu sein.«
So schwärmte der tumbe Tor.
»Die Jungs jedenfalls finden, daß sie viel tüchtiger ist als Joe.«
»Tüchtiger als der bucklige Joe!« Beryl klopfte Dick liebevoll auf die Schulter wie einem Kind. »Kunststück, daß den Jungs eine Siebzehnjährige mit Ponytail besser gefällt als ein Siebzigjähriger mit Buckel.«
Dick guckte ein bißchen komisch.
Ich dachte: ›Bravo, Beryl, das machst du gut! Applaus für dich!‹
So muß man das spielen und nicht anders. Wenn der Ehemann von einer Siebzehnjährigen schwärmt, dann gibt es für die Frau keine andere Chance, als souverän und heiter zu bleiben. Und das machte Beryl perfekt. Aber sie spielte ja gar keine Rolle, das war ja echtes Leben. Naja, es geht eben alles immer etwas ineinander über.
Mit einem gezielten Hieb auf Dick sagte sie nun:

FITZGERALD
3.500 $ 1 Ballen
300 kg
70.000 $ alles
zusammen

»Na, hoffentlich bringt uns die Kleine kein Unglück!«
Das fand ich schon wieder eine gute Idee, einen glänzenden dramaturgischen Einfall. Volltreffer, das hatte gesessen!
»Unglück?« fragte er verblüfft, »wie meinst du das?«
Beryl setzte sich zu uns und zündete sich eine Zigarette an.
»Es kommt doch nicht von ungefähr, daß seit hundertfünfzig Jahren keine Frauen bei uns mitarbeiten. Bisher ging doch immer alles gut, Dick, bedenke doch! Haben wir das nötig? In allen Minen der Welt, auf allen Stahlinseln sind Frauen absolut unerwünscht, ja verboten. Das hat doch seinen Grund. Sie bringen Unglück! Ich bin – Gott behüte – nicht abergläubisch. Aber daran glaube ich, hoch und heilig.«
Ich dachte, ich höre nicht recht. So sprach eine Frau, die eine WAAF gewesen war? Cheftrainerin der weiblichen Flak?
Dick war verunsichert. Er brummelte: »Nein, Unglück können wir wirklich nicht gebrauchen.«
»Dick«, bat ich, »bevor du gehst, gib mir doch noch ein paar Informationen über deine Farm zum Mitschreiben.«
»Ja, tu das«, sagte Beryl, »niemand kann das so gut wie du, mate!« Sie boxte ihn kameradschaftlich in die Seite.

Dick lachte geschmeichelt: »Also das Wichtigste in Kürze! Wir haben 7000 Morgen Land, 9000 Schafe, dazu auch Kühe und Schweine. Der Boden ist sehr gut. Wir rechnen 55 bis 60 cm Niederschlag pro Jahr und haben genügend Grundwasser vom Hawkesbury River. Wir bauen ein Drittel Weizen, ein Drittel Korn und ein Drittel Sonnenblumen an.«

Jetzt imponierte er mir. Er sprach nicht wie einer, der alles geerbt hat, sondern wie ein richtiger, gelernter Landwirt.

»Und wie viele Angestellte hast du?« Ich dachte so zwanzig bis dreißig.

Aber er sagte: »Vier!«

»Vier?«

»Ja, einen für die Landarbeit, einen für die Tiere, einen Mechaniker und einen Gärtner. Und der Big Boss bin ich.«

»Und wie wird der heutige Tag ablaufen?« wollte ich noch wissen.

»Well«, sagte Dick mit höflicher Langmut, »wir zahlen jedem Scherer 300 Dollar die Woche. Sie arbeiten im Akkord, dazu kommen 80 Cents pro Schaf. Für ein Schaf braucht ein Scherer zwei bis drei Minuten. Wir haben neun Scherer. Aber heute ist noch ein süßes kleines Mädchen dabei, das dem Big Boss großes Glück bringen wird.«

Er streckte Beryl die Zunge heraus und gab ihr einen kleinen Klaps auf den Hintern.

»Kommt, Girls, der Boss muß dabei sein.«
Er faßte Beryl und mich um die Taille, und wir machten uns auf den Weg zum Schafstall. Dort ließ er uns sofort los, da war er wieder der unnahbare Boss.
Vor dem großen Schuppen, in dem die Schafe geschoren wurden, herrschte überraschende Ruhe und Ordnung. Seit Generationen wurden hier zweimal im Jahr Schafe geschoren. Das hatte man total im Griff.
Die Schafe wurden von den Hunden so geschickt getrieben, langsam und vorsichtig, daß sie nicht einmal »bäh« machten und ganz ruhig fürbaß trippelten. Es kamen immer Gruppen von etwa hundert zusammen. Sie schoben sich durch die Gänge, die immer enger wurden, bis zum Schluß immer nur noch ein Schaf hinter dem anderen in einen schmalen Gang lief. Man hörte kein Blöken, kein Bellen, kein Schreien. Ein Schaf nach dem anderen kam durch ein schmales Holztürchen in den großen Raum, in dem die neun Scherer arbeiteten. Neun Rasierapparate hingen an langen elektrischen Drähten von der Decke herunter. Neben jedem stand ein Mann.
›Wo ist eigentlich das Mädchen?‹ fiel mir plötzlich ein. Ich hatte es völlig vergessen. Hier ging's nur um Männer und Schafe. Ganz bescheiden im Hintergrund kehrte sie die Wolle zusammen; sie arbeitete schnell und konzentriert.

Niemand beachtete sie; hier ging's um Akkord, hier ging's ums Geld. Ich nahm an, daß sie die Tochter eines der Scherer war, und hoffte, daß er ein Auge auf sie hatte. Würde sie Unglück bringen? Oder würde sie selbst Unglück haben in diesem Männerverein? Wenn neun Männer nach der Arbeit ihr Bier trinken, dann kann einiges passieren. Männer unter Alkohol haben manchmal ein gestörtes Verhältnis zu kleinen Mädchen. Es könnte zu einer Rauferei kommen, vielleicht sogar zu einer Messerstecherei oder Schießerei. Dann hätte sie sehr wohl Unglück gebracht.
Beryl ging von einem Scherer zum anderen, hatte für jeden einen Spaß bereit und legte mütterlich den Arm um das Mädchen. Die beiden lachten zusammen. O verdammt, das hatte ich ja wohl ganz falsch gesehen. Keine Spur von Eifersucht – so neckte man sich eben bei Evans, das war australischer Humor.
Manchmal ist meine Phantasie eben noch sehr UFA-beeinflußt.
In regelmäßigen Abständen öffnete sich das Holztürchen: ein großes dickes Merino-Schaf wurde von den nachdrängenden Schafen in den Raum hineingeschoben. Mit ausdruckslosen Augen ging es dem Scherer entgegen, als hätte es gar keine Angst. Ob es Herzklopfen hatte? Es sah nicht so aus.
Ich wußte sofort, welcher von den neun Leuten

der beste Scherer war, nämlich der, bei dem es am langsamsten aussah. So ist es auch im Sport und in der Kunst. Ein guter Tennisspieler hat viel Zeit, sein Spiel wirkt langsam; ein schlechter hastet herum. Ein guter Skifahrer läuft ruhig und sicher, um einen schlechten hat man Angst.
Auch in meinem Beruf ist das so. Ein schlechter Schauspieler rennt herein, spricht hastig, spuckt, ist atemlos. Ein guter Schauspieler sagt ganz langsam: »Ich bin in größter Eile«, und der Zuschauer bekommt feuchte Hände, weil er die Eile spürt.
Ich stellte mich also neben den besten Scherer und sah ihm zu. Er beherrschte sein Handwerk meisterlich. Mit geschicktem Griff packte er das Schaf, zog es zu sich heran, zwang es mit einem Ruck auf die Hinterbeine. Das Schaf lag nun willenlos in seinem linken Arm, ganz friedlich, fast so, als ob es sich wohl fühlen würde. Und dann begann der Scherer ganz ruhig und konzentriert, das Schaf auszuziehen. Er fing rechts vorne an, ging über den Kopf nach links und hinunter über den Bauch, drehte das Tier dann um und zog ihm den Frack aus. Das Ganze dauerte nicht länger als drei Minuten.
Sofort übernahm nun einer von Dicks vier Angestellten das Vlies und trug es zum Woolclasser, der die Bewertung für die Wollqualität daraufdrückte.

Nun war wieder das Mädchen an der Reihe: es kehrte schnell die überflüssigen Reste weg.
Alles ging wie bei einem einstudierten Tanz ohne Bruch ineinander über.
Nur das Schaf rührte sich nicht. Es weinte nicht, blökte nicht, wehrte sich nicht und ließ alles mit sich geschehen. Als kleines, zitterndes, frierendes, blutendes Häufchen Elend entließ der Scherer das Tier und gab ihm noch einen Schubs auf eine schiefe Ebene hin. Dort sauste es abwärts und wurde abgestempelt mit dem Zeichen des Scherers zur Berechnung seiner Akkordleistung. Eine arme, vom Menschen ausgebeutete Kreatur, ein Produktlieferant, ein Opfer der kommerziellen Verwertung. Ein Opferlamm?

Opal, Opal

Nancy brachte mich nach Mascot, dem Domestic Flugplatz von Sydney. Von dort startete meine Maschine nach Queensland.

Wir waren früh dran, denn vor dem Abflug wollte Nancy mir die Air Ambulance zeigen, die auf dem Flugplatz von Mascot ihren Hauptstützpunkt hat.

Der Flugplatz war vor vielen Jahren Privateigentum ihres Fluglehrers Kingford Smith gewesen. Sie erzählte begeistert aus jenen Zeiten und von seinem fliegerischen Können. Als wir vor einer Ampel anhalten mußten, zog sie plötzlich aus ihrem Portemonnaie einen 20-Dollar-Schein.

»I'll show him to you. Das ist er. Er sieht doch gut aus, hm – dieser kraftvolle energische Kopf. Ich finde, er sieht Wulf-Diether sehr ähnlich.«

Ich mußte zugeben, er glich wirklich ein wenig meinem Mann.

»Kingford Smith war ein Pionier der Luftfahrt, genau wie Dein Wulf-Diether. Er hat Australien erschlossen, Wulf-Diether hat Europa und Asien verbunden. Ich finde, die Verkehrsflieger haben für die Menschheit mehr getan als alle Rekordflieger zusammen. Sie haben die Kontinente erschlossen und begehbar gemacht. Wenn man sich überlegt, daß Wulf-Diether die Strecke Urumshi – Shanghai eingerichtet hat!«

Ich freute mich, daß Nancy von ihm sprach, so war er bei uns.

»Woher weißt du das?« fragte ich erstaunt.

»Na hör mal, ich habe doch sein Buch gelesen. Sein Kopf gehörte mindestens auf eine Fünfzigmarknote bei euch.«

Ich drückte freundschaftlich ihre kleine feste Hand.

»O Nancy, ich danke dir für diese Worte, aber das würde überhaupt nicht zu ihm passen. Es wäre ihm schrecklich unangenehm gewesen, wenn man seinen Kopf auf irgendeinen Fünfzigmarkschein gedruckt hätte. Geld war ihm sowieso unappetitlich. So von Hand zu Hand gereicht zu werden oder zerknüllt in einem Portemonnaie oder in einer Hosentasche zu stecken, das hätte ihm bestimmt nicht zugesagt.«

»Ja, du hast recht, das hätte nicht zu ihm gepaßt. Und wenn überhaupt, dann hätte er auf einen Tausendmarkschein gehört.«

Wir lachten, und Nancy meinte: »Ich höre ihn direkt mitlachen.«

Das von der sachlichen Nancy wunderte mich – ich hörte ihn oft.
Ich checkte nach Walgett ein. Dann führte Nancy mich durch endlose Gänge und immer wieder durch Türen mit der Aufschrift ›Eintritt verboten‹. Niemand hinderte uns; jeder dort kennt Nancy. Man nennt sie »the Angel of the Air Ambulance«.
Vor einer zweimotorigen Beachcraft blieben wir stehen.
»Als wir vor dreizehn Jahren die medizinische Nothilfe gegründet haben, hieß es vielerorts, dafür bestünde überhaupt kein Bedarf. Inzwischen haben wir sechs Maschinen, zwölf Piloten und sechzehn ausgebildete Krankenschwestern. Wir versorgen von hier aus zweimal in der Woche vier Regionen. Das ist der Routineservice. Bei Unfällen starten wir natürlich sofort. Komm, ich zeige dir die technischen Einrichtungen.«
Mit unüberhörbarem Stolz erklärte sie mir sämtliche Vorrichtungen, wie zum Beispiel Radar, den ständigen Radiokontakt zu den Bodenstationen, die hydraulischen Lifte, mit denen die Schwerkranken oder Verwundeten hinaufgehievt werden können, ohne daß man sie umbetten muß.
»Hier ist die Sauerstoffversorgung, hier können sie künstlich beatmet werden.«
Sie legte sich auf das Bett und zeigte mir, wie

man durch kleine Schläuche durch die Nase O_2 in die Lungen pumpt.
Mir war plötzlich ganz elend zumute. Ich hörte mühsames, schweres Atmen, Seufzer und Stöhnen und betete lautlos: »Hoffentlich hat er das alles nicht mehr bewußt erleiden müssen.«
Zu Nancy sagte ich: »Komm schnell, ganz schnell, laß uns aussteigen. Ich versäume sonst noch meine Maschine.«
Mit Mühe und leicht wackeligen Knien schaffte ich den Ausstieg.
Wenig später saß ich in der Maschine nach Lightning Ridge – unterwegs zu den Opal-Minen.
Opal. Schon der Klang des Namens ist wie ein Edelstein. Er übt seit jeher eine magische Faszination auf mich aus. Geheimnisvoll – wie sein Aussehen. Auf Englisch sagt man »opel«, das klingt wie ein Auto. Und die Australier messen ihm auch eher kommerziellen als magischen Wert bei.
Aber ich weiß ganz genau: er kann Glück oder Unglück bringen – je nachdem, was für Gefühle sein Besitzer für ihn hat.
Nach meinem ersten Schultag führte mein Vater mich zur Feier des Tages in die Wiener Schatzkammer. Er zeigte mir die Reichskrone und erzählte mir, daß sie einst Karl dem Großen, dem größten Kaiser der Welt gehört habe. Der oberste Stein in der Krone, der Leitstein, war ein Opal.

Auf dem Transport von Aachen nach Wien ging der Leitstein verloren. Er wurde ersetzt durch einen anderen (»Aber einen Opal kann man nicht ersetzen«, meinte mein Vater). Der Originalopal war rot, ein »Karfunkel«, so nannte man ihn. Alle Kaiser und Könige wurden durch ihn erleuchtet. Alle Träger dieser Krone wurden Herrscher »von Gottes Gnaden« und regierten ein Reich, in dem die Sonne niemals unterging. Damals, so meinte mein Vater, seien die Menschen noch demütig gewesen, hätten weniger an die eigene Kraft als an die von Gottes Gnaden geglaubt.
Diese Erzählungen meines Vaters beeindruckten mich sehr. Viel später streifte ich einmal mit einer Schulfreundin durch die Wachau. Wir hatten weder Augen für die Donau noch für die Weinberge oder den Wienerwald – so versunken waren wir in unsere Suche nach dem Karfunkel. Wir wollten auch so gern erleuchtet werden von Gottes Gnaden. Jeden Stein am Wege klopften wir ab und drehten wir um, voller Hoffnung, ihn vielleicht doch noch zu finden.
Auf dem Flug nach Lightning Ridge kam mir wieder diese Geschichte meiner kindlichen Verzauberung durch den Opal in den Sinn.
Als ich in Walgett aus dem Flugzeug stieg, drückte mir plötzlich eine hübsche blonde Frau ihre Visitenkarte in die Hand. Ich könne mich jederzeit

an sie wenden, wenn ich irgendwelche Schwierigkeiten hätte, fügte sie hinzu.
Später im Bus erzählte mir der Omnibusfahrer, der ihre Worte mitgehört hatte, sie sei die Frau des Gouverneurs und eine berühmte Reiterin.
Zum Glück kam ich nicht in Schwierigkeiten, war von dieser Geste aber sehr angerührt.
Zur Opalminenstadt Lightning Ridge waren es vierzig Meilen. Drei Drachen, lebendige Erinnerungen an die Urzeit, bewachten die Opalschätze. Drohend lagen sie auf der Asphaltstraße und machten keine Anstalten, uns den Weg freizugeben. Fauchend richteten sie sich auf ihren Schwänzen auf.
Der Chauffeur, der sie nicht überfahren wollte, mußte immer wieder, dreimal insgesamt, aussteigen, bis er sie schließlich mit Hilfe eines Stocks verjagt hatte. Die knapp einen Meter großen Lizzards sind in keiner Weise so gefährlich, wie sie tun. Mit altjüngferlicher Geschäftigkeit liefen sie schließlich zurück in den Busch.
Die Straßen verliefen meilenweit schnurgerade bis zum Horizont und von dort weiter bis zum nächsten Horizont.
Im Orient gibt es nur eine einzige Straße, die die »Gerade« heißt. Sie ist in Damaskus. Auf ihr geschah das Wunder, daß aus dem Saulus ein Paulus wurde, weil er den totgeglaubten Christus erkannt hatte.

Hier verlaufen alle Straßen gerade, und ich bin durchaus auf Wunder gefaßt.
Rechts und links im Busch tote Eukalyptusbäume, die sogenannten Geisterbäume. Sie streckten ihre knorrigen, rudimentären Arme anklagend in die Luft. Man hat ihre Wurzeln mit Dynamit gesprengt, daraufhin sind sie eingegangen. Warum hat man sie nicht abgesägt oder ausgegraben? Keine Zeit. Arme, dumpf zerstörte Natur.
»Was ist mit den Bäumen passiert?« fragte ich den Fahrer.
Er war auf die Frage gefaßt gewesen, er kannte schließlich seine Touristen mit ihrer wehleidigen »Naturliebe«.
»Die Menschen leben hier von Schafen und Kühen, und die brauchen Wasser und Gras. Aber der Eukalyptus ist ein Egoist: er saugt alles Wasser, alle Flüssigkeit auf. Deshalb muß er weg. Das ist eine Frage des Überlebens.«
Das stimmt, wenn's darum geht, gelten andere Gesetze. Aber ein Eingreifen in die Natur rächt sich immer. Dieser ökologischen Erkenntnis sind sich auch die Australier inzwischen bewußt.
Die Schafe wurden 1779 von dem Viehzüchter MacArthur in Australien eingeführt. (Sein Kopf ist auf dem 50-Dollar-Schein zu sehen.) Er brachte das Merinoschaf von Spanien nach Australien. In Australien lebten ursprünglich nur Beuteltiere und Reptilien. Heute ist man der Ansicht, daß

die riesigen Schafherden die Weideflächen zerstört und zur beängstigenden Trockenheit des Bodens beigetragen haben. Im Parlament diskutiert man bereits eine zwangsweise Reduzierung der Schafherden.

»Seit vier Jahren hatten wir keinen Regen, aber heute, heute habe ich so ein komisches Gefühl, in meinem rechten Bein kribbelt es ein bißchen. Sehen Sie sich einmal den feuchten Hof um die Sonne an. Das könnte Regen bedeuten. Im Radio hat man auch so was angedeutet.«

Prüfend blickte er mich von der Seite an. »Vielleicht bringen Sie uns Regen, hm?«

Er klopfte mir kumpelhaft auf die Schulter: »Ich könnt's mir gut vorstellen!« Wieder erhielt ich einen Klaps, nur diesmal etwas kräftiger. »She'll be allright!«

»Vier Jahre kein Regen, können Sie sich das vorstellen?«

»Nein, beim besten Willen nicht, bei uns regnet es nämlich immer.«

Das konnte er nun wieder nicht fassen.

Dann waren wir in Lightning Ridge. Eine Minenstadt sieht aus wie die andere: Bei der Einfahrt denkt man, das sei bloß der staubige Vorort, aber während man das denkt, ist man wieder draußen. Für gewöhnlich besteht so ein Ort aus Wellblechhütten, einem Pub, einem Hotel, einer Kegelbahn, ein paar kleinen Geschäften und einer Hauptstraße, an der die »Steine« verkauft werden.

Bei einem trostlosen einstöckigen Wellblechhaus mit dem Schild »Travel Agency« hielt der Busfahrer an.

»Dort steht sie, das ist Mrs. Waterford.«

Sie kam auf mich zu, eine große langbeinige schlanke Frau so um die fünfzig – wahrscheinlich aber jünger. Die Frauengesichter im Outback trocknen schneller aus als anderswo.

Sie trug einen lila Hosenanzug aus Samt mit einem weißen Spitzenfijus – eine Eleganz, die in merkwürdigem Kontrast stand zu dieser staubigen Umgebung.

Wir drückten uns fest die Hand und sahen uns gerade in die Augen.

So begrüßt man sich immer in Australien, das kommt gewiß noch aus der Pionierzeit. Man geht ganz direkt, vorurteilslos und herzlich aufeinander zu. ›Ich brauch dich und du brauchst mich. Jetzt sind wir beieinander und helfen uns gegenseitig.‹

Das gefiel mir sehr. Gewiß auch deshalb fühlte ich mich so wohl in diesem Land, ich fühlte mich niemals als Fremde und niemals alleingelassen. Ich war immer eingehüllt in Wohlwollen und Sympathie.

Pat unterstrich mit ihren großen intelligenten Händen immer alles, was sie sagte. Vielleicht

TRAVEL AGENCY
lila
weiße Spitzen
Peter

wollte sie mir dadurch die Verständigung erleichtern, vielleicht war es ihr auch nur ein schauspielerisches Bedürfnis. Ihre langen Nägel waren rot lackiert und zum Teil abgebrochen – eine Frau, die schwer arbeitete, aber gesellschaftliche Ambitionen hatte.
Ich war sehr neugierig auf sie, versuchte, ihre Persönlichkeit auf mich einwirken zu lassen. Wie mochte ihr Leben aussehen? War es leicht, war es schwierig, fühlte sie sich ihrem Leben gewachsen?
Früher ruhte ich mehr in mir selbst. Und jetzt? Vielleicht ist das der Sog eines Vakuums? Ob ich damit den Verlust ausgleichen wollte?
Mrs. Waterford war mir sofort vertraut, als hätte ich sie schon oft gesehen. Als Blanche in »Endstation Sehnsucht«? Als Martha in »Virgina Woolf« oder auch Scarlett O'Hara? Sehr attraktiv, sehr charmant, sehr frustriert.
Warum dachte ich denn schon wieder an Filme? Warum konnte ich diese Frau nicht ganz direkt so nehmen wie sie war? Ich wollte sie und die Menschen, die mir hier noch begegnen würden, ganz unvoreingenommen auf mich wirken lassen.
Pat bat mich, in ihr Auto umzusteigen, einen riesigen Chevrolet, dessen Tür nur aufging, wenn man sie mit Gewalt anhob und dann aufriß. Schließen konnte man sie nur mit einer Zange,

die sie im Handschuhfach verwahrte. Pat entschuldigte sich lachend, aber gar nicht verlegen.
»Wir fahren jetzt drei Meilen nach Nordwesten, in mein Home Estate. Ich hoffe, Sie werden sich wohl bei uns fühlen. Wir haben eine Sheep and Cattle Station.«
Mit Schwung fuhr sie los, und wir waren schnell beim Thema: Trockenheit und Regen.
»Es hat seit vier Jahren nicht mehr geregnet.«
(Das wußte ich ja nun schon.)
Den 10000 Morgen großen Besitz hatte sie von ihrem Vater zur Hochzeit geschenkt bekommen. Damals – vor dreißig Jahren – war sie glücklich über dieses noble Geschenk gewesen. Damals regnete es aber noch öfter.
»Jetzt könnte ich es nicht einmal mehr verschenken. Ein Klotz am Bein, an Verkauf ist gar nicht zu denken.«
Wir mochten uns, das spürte ich gleich. Ich nannte sie »Pat«, und sie sagte »Louis«. Ihr englisches »you« war für mich kein »Sie«, sondern ein vertrautes »du«. Ich bin kein leichter Du-Sager, im Gegenteil, am liebsten drücke ich mich davor. Aber zu ihr hätte ich auch auf Deutsch niemals »Sie« sagen mögen.
Ich beobachtete sie von der Seite und dachte: ›Sie könnte eine viel schönere Haut haben, wenn sie eine richtig gute Fettcreme benutzen würde.‹ Ihre Haut war rissig wie der braune Boden, über den

wir fuhren. Der rosa Puder, den sie aufgelegt hatte, machte sie nicht jünger, wie sie wohl hoffte, sondern nur trauriger. Ich wollte versuchen, ihr später, wenn wir uns ein bißchen vertrauter geworden waren, zu einem bräunlichen Make-up zu raten.

Pat erzählte: Von ihrer riesigen Schafherde lebte nur noch die Hälfte. Alle anderen Tiere waren verdurstet. Bei den Kühen sah es nicht besser aus. Die Kadaver lagen herum, bis die Aasgeier sie zu Skeletten abfraßen. Früher hätte man sie rechtzeitig schlachten können, da wäre noch was zu retten gewesen, aber jetzt?

»Wieso jetzt nicht?« fragte ich ahnungslos.

»Sinnlos, nicht zu verkaufen. Hast du denn nichts von dieser fürchterlichen Katastrophe gehört?« Ich schüttelte den Kopf.

Das konnte sie gar nicht glauben. »Was, du weißt nichts von dem großen Fleischbetrug? Das stand doch in allen Zeitungen!«

Ich hatte etwas darüber gelesen, aber es gleich wieder vergessen. Es war überhaupt nicht an mich rangekommen, weil es nicht mein Problem war. Es ging mich ja nichts an. Jetzt horchte ich auf, weil Pat mich interessierte.

Irgendeine Gangsterbande hatte statt Rind- und Hammelfleisch Känguruhfleisch in die Konserven gefüllt.

»Und diese Büchsen mit dem Känguruhfleisch

haben sie dann in die USA verkauft. Seither kauft Amerika kein Fleisch mehr aus Australien. Der ganze Fleischmarkt ist ruiniert. Weiß der Himmel, wie das weitergehen soll. Wir müssen die Tiere verrecken lassen, weil das Schlachten zu teuer kommt.«

»Känguruhfleisch soll doch so gut sein?«

»Das schon, aber es wird nicht kontrolliert, es gibt keine Fleischbeschau. Die Känguruhs könnten ja auch krank sein oder Würmer haben. Diese verdammte Gangsterbrut hat aus reiner Geldgier die Existenzgrundlage von hart arbeitenden Menschen zerstört.«

Sie fuhr viel zu schnell auf der schlechten Straße; wir ließen eine riesige Staubwolke hinter uns.

»Aber noch ist nicht alles verloren. Ich hoffe immer noch, daß der Regen kommt, Regen kommt...«, sang sie mit warmer Altstimme. Mitten aus ihrer echten Verzweiflung heraus sang sie – wir Frauen sind oft wirklich merkwürdige Geschöpfe.

Sie sah zum Himmel: »Die Sonne hat so einen merkwürdig dunstigen Hof. Heute könnte tatsächlich Regen kommen. Das Radio hat auch so was gemeldet.«

Sie sah hoffnungsvoll gen Himmel und stieg dabei immer mehr aufs Gas.

Unwillkürlich griff ich nach dem Lenkrad. »O pardon, Louis, fahre ich zu schnell? Du brauchst

keine Angst zu haben. Ich hatte erst vier Unfälle.«
»Na, das reicht ja wohl auch. Schlimme?«
»So lala, ein paar gebrochene Rippen, die Halswirbel sind nicht mehr in Ordnung, und ich leide häufig unter Kopfschmerzen.« Sie blieb auf hundert Meilen. »Wenn es jetzt regnete, wäre noch viel zu retten. Vielleicht bringst du uns ja Regen?«
Ich erzählte ihr, daß ich in Deutschland in den Bergen eine Forellenzucht habe und daß es dort fast immer regnet.
»Oh, wie herrlich!« Sie seufzte wie eine Verdurstende.
»Die Bauern glauben, es regnet soviel, weil wir dort wohnen. Im Mittelalter hätten sie mich vielleicht für eine Wetterhexe gehalten.«
»Wunderbar!« rief Pat begeistert, »vielleicht bist du tatsächlich eine Regenmacherin.« Sie sah mich strahlend an.
Ich griff schon wieder nach dem Lenkrad. Frauen haben zu Frauen manchmal wenig Vertrauen.
»Keine Angst, ich paß schon auf. Meine Stirn ist aus Plastik, meine Nase ist völlig neu – einen fünften Unfall kann ich mir wirklich nicht leisten. Denk lieber mal über den Regen nach.«
»Ich will mein Möglichstes tun.«
Vor uns tauchte das Schild »Lorne Station« auf. Wir waren da. Pat parkte vor einem stattlichen schönen Farmhaus.

Pat griff nach hinten, holte ein kleines Mädchen vom Rücksitz, das bis jetzt tief geschlafen hatte — ich hatte es vorher überhaupt nicht bemerkt.
»Komm Sweety. — Das ist meine Enkelin, sie gehört meiner Tochter.«
Sie eilte um das Auto herum, riß mit Gewalt meine Tür auf, fiel fast nach hinten mit dem Kind, lachte herzlich, das Kind weinte.
Aus der Haustür trat ein hochgewachsener dicker junger Mann. Rotblonde Koteletten wuchsen tief über seine Wangen hinab, und ein Mongolenschnauzbart hing ihm bis zum Kinn.
»Welcome, Madame, I'm Peter, Pat's son!« brüllte er aus vollem Halse.
Er sah aus, als wäre er einem Western entstiegen: kariertes Hemd, kurze Cowboystiefel mit hohen Blockabsätzen und Lederweste. Ein Klischee — der Werbung in Australien war wohl auch kein neuer Typ eingefallen. Ich mußte wieder an Film denken, an diese von der Industrie angezogenen männlichen Prototypen.
Er wollte meinen Koffer tragen, aber den hielt ich schon an der Messingstange und ließ ihn hinter mir herrollen.
Offenbar hatte Peter so was noch nicht gesehen. Er sprang um den Koffer herum wie ein Bernhardiner und versuchte ihn immer wieder hochzuheben.
Ich folgte Pat, die bereits die Küche erreicht hat-

te, dort im Nebenbeiverfahren ein Milchfläschchen aus dem Wärmetopf nahm, weiterhastete, weil das Baby ihr schwer wurde und weinte. Ich immer hinter ihr her.
Dann hatten wir Peter verloren.
Wir sausten durch das Wohnzimmer und durch das Eßzimmer. Der Speisetisch war liebevoll, aber ein bißchen kitschig mit roten Papiernelken dekoriert.
»I did it for you, I hope, you like it!« rief Pat mit halb nach hinten gewandtem Kopf und raste weiter. Sie öffnete eine Tür, legte das Baby in ein Gitterbettchen – »be a good girl« –, schob ihm den Schnuller des Fläschchens in den Mund, war schon wieder draußen und knallte die Tür hinter sich zu. Fast wäre das Bild, das über dem Gitterbett hing, heruntergefallen. Auf dem Bild stand: »Softly, softly, baby sleeps in here«.
Und schon riß Pat die Tür meines im Anbau daneben gelegenen Gästezimmers auf. Die Wellblechwände paßten nicht ganz zusammen, und die großen Risse dazwischen gestatteten eine Aussicht auf die Landschaft draußen.
Ich wollte nicht taktlos sein, aber die Frage erschien mir wichtig:
»Können da keine Mäuse oder Schlangen reinkommen?«
Pat beruhigte mich: »Hier gibt es kaum Schlangen. Bisher ist noch nie etwas passiert. Mäuse

gibt es auch nicht, bloß Ratten, und die kommen nicht durch.«
Ich zitterte ein bißchen. »Es ist ziemlich kalt hier.«
Auch daran hatte Pat gedacht. »Schau, die elektrische Heizdecke.« Sie nahm die Oberdecke weg und deutete auf das Laken. Es sah sehr holprig und bucklig aus, wie eine Berglandschaft. Die Drähte schienen ziemlich alt und verbogen zu sein. Wenn das mal keinen Kurzen gab.
Die Fenster hatten keine Vorhänge, aber es konnte sicher niemand hereinschauen, denn sie waren dick mit Staub bedeckt.
Plötzlich stieß Pat einen Verzweiflungsschrei aus: »O Himmel, ich hab vergessen, dir einen Schrank frei zu machen. Wird auf der Stelle erledigt.«
Sie öffnete den Schrank, aus dem ihr Schuhe, Sonnenhüte und diverse andere Kleinigkeiten entgegenfielen. Lachend packte sie alles zusammen und stopfte es in eine andere Ecke des Schrankes. Ein paar Arbeitsanzüge nahm sie vom Bügel, um mir weiteren Platz zu machen.
Ich wehrte ab: »Danke, Pat, das ist wirklich nicht nötig. Ich lasse meine Sachen einfach im Koffer.«
Sichtlich erleichtert nahm sie mein Angebot an. »Okay, dann machen wir uns jetzt frisch, und anschließend gibt's Lunch.«

Aus der Wasserleitung im Bad kam nur ein tröpfelndes dünnes Rinnsal, und das Klo spülte mit einer dunkelbraunen Erdwassersoße. Die kam aus einem Wasserloch, einem »Dum«, wie man das in Australien nennt. In diesen Wasserlöchern hausen Dämonen, so sagen die Aboriginals. Über die Wasserspülung kommen sie nach oben, und wenn man zieht, geht's wieder ab mit ihnen in die Unterwelt.

Bei Tisch stellte Pat mir Bill, ihren Mann, vor. Er wirkte nicht im geringsten wie ein Farmer, ich hätte ihn eher für einen Gelehrten gehalten: graue Schläfen, ein schmales Gesicht, dunkle, müde Augen.

»Nice to meet you«, er küßte mir die Hand. Das tun australische Männer sonst nie, und es wirkte fremd in dieser Umgebung. Ähnlich wie Pat in ihrem eleganten lila Hosenanzug.

Er war nicht alt, ich schätzte ihn so an die sechzig. Aber während des Essens schlief er plötzlich, ganz unvermittelt, ein. Ohne Vorwarnung sackte er in sich zusammen und war weg. Ich bekam einen Riesenschreck, denn ich dachte, er wäre ohnmächtig geworden oder hätte eine Herzattacke.

Pat zuckte nicht mit der Wimper. Sie sah mich mit freundlichem, unbewegtem Gesicht an, hob ein wenig ihre Stimme, sprach besonders artikuliert, als ob nichts geschehen wäre.

Bill röchelte erst ein bißchen und schnarchte

dann ganz gemütlich vor sich hin, es klang einladend. Ich war von der langen Reise hundemüde und hätte am liebsten mitgeschnarcht.
Aber Pat war die Situation peinlich, sie wollte sie überspielen, und deshalb tat ich ihr den Gefallen, nichts zu bemerken. In unserer Verlegenheit unterhielten wir uns überlaut und gezwungen.
Schließlich hielt Pat es nicht mehr aus und versetzte ihm unter dem Tisch einen Tritt.
Bill wachte auf, lächelte mechanisch aus verständnislosen Augen, sagte »nice to meet you« und küßte mir die Hand.
Ein Strindbergscher Ehekrach lag in der Luft. Ich fürchtete, Pat könnte jetzt die Fassung verlieren und handgreiflich werden (an Temperament fehlte es ihr wahrhaftig nicht), aber sie bewahrte Haltung.
Ganz Dame ging sie hinaus, um den Kaffee zu holen. Als ich mit Bill allein war, sah er sich zuerst mißtrauisch um, ob Pat tatsächlich außer Hörweite war.
Dann sagte er leise und geheimnisvoll zu mir: »I love Mary.«
Ich war richtig gerührt, weil ich dachte, er meinte seine Frau, und Pat wäre vielleicht nur ein Kosename.
»Ich auch, ich finde Pat ganz reizend.«
Er sah mich verwundert an. »Wieso Pat? Ich meine Mary.«

»Mary? Your girlfriend?« Er lachte selig vor sich hin. »No, Mary, the Virgin.«
Jetzt ging mir ein Licht auf. »Are you catholic?«
»Yes«, strahlte er verzückt und faltete die Hände, »very, very.«

Julius, der Opalschleifer

In den Geschäften der Stadt waren Unmengen herrlicher, aber sündteurer Opale ausgestellt. Der Wunsch, auch so ein – wenn auch nur kleines – Prachtexemplar zu besitzen, begann übermächtig zu werden – die Verlockung war aber auch zu groß.

Pat riet ab; sie meinte, es sei unsinnig, jetzt etwas zu kaufen. Der Wert des Opals sei in letzter Zeit »in a dramatical way« gestiegen, ein richtiges Opalfieber war ausgebrochen.

Zum Trost wollte sie mich dem besten Opalschleifer von Lightning Ridge vorstellen. »Er heißt Julius und spricht sehr gerne und gut deutsch.«

Julius wohnte in einer Nebenstraße, in einer Wellblechhütte, die sich in ihrer Schäbigkeit in nichts von den umliegenden Häusern unterschied. An der Tür war anstatt einer Klingel eine Darmsaite angebracht. Man zog daran wie an einem Monokord und ließ dann los: ein wehmütiger, tiefer Ton erklang. Da Julius Pole war, dachte ich an Chopin, an die »Regentropfen-Etüde«. Sehnsüchtig vibrierte der Ton in der trockenen Luft.

»Coming!« rief jemand von innen. Es konnte eine tiefe Frauenstimme oder eine helle Männerstimme sein.

Ein mittelgroßer Mann von eher zierlicher Gestalt öffnete. Ein sensibles, intelligentes Gesicht, über breiten Backenknochen schräge, schwer ergründliche Augen. Er trug ein Pullman-Käppchen auf dem schwarzen Haar und einen goldenen Ring im Ohr.

Pat machte uns miteinander bekannt: »This is Julius and this Louis. Now talk german.« Damit war sie verschwunden.

Julius führte mich in seine Werkstatt. Damit hatte ich nicht gerechnet: mir bot sich ein seltsam unwirkliches Bild. Es sah hier aus wie in einer Alchimistenküche. »Ich grüße dich, du einzige Phiole, die ich mit Andacht nun herunterhole. In dir verehr ich Menschenwitz und Kunst...« Flaschen und Fläschchen, Tiegel und Töpfchen, Knetmasse, Schalen mit Diamantenstaub, Scheren und Zangen, Werkzeuge in jeder Größe, drei oder vier Drehmaschinen zum Schleifen der Opale. Für mich war es das totale Chaos, eine unüberblickbare Unordnung. Aber für Julius konnte es nicht anders sein. Er bewegte sich schnell und

sicher darin, hatte immer mit einem Griff jeden Gegenstand, den er gerade benötigte.
Auf dem Arbeitstisch lagen haufenweise die herrlichsten Opale. »Sind die schön! Was kostet denn so was?«
»Sind nicht verkäuflich, soll sie nur schleifen.«
»Aber sie sind gar nicht markiert.«
»Brauch nich, kenn jeden genau, Form, Feuer, keiner is gleich, wie Gesichter von Frauen, die man liebt oder von Freunden, unverwechselbar wie eigene Kinder.«
Ganz selbstverständlich begann ich ihm von meiner Kinderliebe für die Reichskrone zu erzählen. Von Karl dem Großen und von dem verlorenen Opal.
Er sah mich nachdenklich an mit seinen klugen slawischen Augen. Es war etwas Zeitloses um ihn.
»Und ob ich kenne die Geschichte. Hätte gern geschliffen damals. Hätte sicher besser gearbeitet, Opal wär vielleicht nich verlorengegangen.«
»Glauben Sie, er ist gestohlen worden?«
Julius zuckte die Achseln. »Kann sein, kann auch nich sein. Persönlich glaub ich, er is zersprungen.«
Er erklärte mir die besonderen Eigenschaften des Steins, seine chemische Verbindung mit Kieselsäure, die lockere Anordnung der Moleküle, in deren Hohlräumen sich Gel befindet. Da bricht

sich das Licht, und so entstehen die herrlichen Farben.
»Hier Sie sehen«, er hielt einen Stein vor eine kleine Lampe, »erst grün, jetzt blau, jetzt rot. Wertvoller Stein. Stein von Karl dem Großen hieß Karfunkel, war rot, man glaubt. Und wenn Stein zu heiß oder zu kalt is, er geht leicht kaputt, zerspringt oder zerbröckelt.«
»Wolln sehn, wie man poliert? Bitte, hier gukken, wird bestäubt mit Pulver von Diamanten.«
Mit seiner zarten linken Hand nahm er den Stein und polierte mit kleinen behutsamen Bewegungen die kostbare Fläche. So arbeitet nur ein Künstler, der sein Handwerk beherrscht.
Er konnte auch arbeiten, ohne auf den Stein zu blicken. Er sah mich an, während er weiterpolierte. »Wissen übrigens? Im Mittelalter nur Juden haben schleifen können Steine. Haben geprüft Edelsteine auf Qualität und gebracht dem Adel. Haben sich gut ergänzt, Juden und Adel.«
Er stellte das Gerät ab und sah mich durch seine Vergrößerungsgläser, die er noch auf der Nase hatte, lange an. »Ich bin auch Jude.«
Er wartete auf meine Reaktion. Aber ich sagte nichts, ich hätte auch nicht gewußt, was ich sagen sollte. Durch die Vergrößerungsgläser sah ich die Pupillen seiner Augen riesiggroß und dunkel und ich sah mich selbst in ihnen, klein und verlegen.

Plötzlich drehte er sich von mir weg und nahm die Vergrößerungsgläser von der Nase. Er sah nachdenklich zum Fenster hinaus. In seinem Gesicht arbeitete es, als wollte er etwas ganz Wichtiges, aber sehr Schwieriges formulieren und es fehlten ihm die Vokabeln. Er wischte sich mit dem Handrücken über die Stirne, ballte die Fäuste, machte einen aufgeregten, angestrengten Eindruck.

Ich hatte Angst, mir war äußerst unbehaglich.

Er hatte gesagt: »Ich bin Jude« – wie eine Anklage. Warum hätte er es sonst gesagt?

Wie sollte ich mich verhalten? Wenn er jetzt noch sagte: »Meine Eltern sind im KZ gestorben« oder »Als kleiner Junge war ich im KZ Leichengräber und mußte meine eigenen Eltern beerdigen« – was, um Gottes Willen, sollte ich dann darauf sagen? Ich hatte Herzklopfen. Ich konnte doch nicht einfach lahm antworten: »Es tut mir unendlich leid« – das wäre nichts als eine Floskel gewesen, auch wenn ich es ernst meinte.

Wenn er jetzt sagte: »Ihr Hitler hat meine ganze Familie ausgerottet. Er hat uns alle ins Unglück gestürzt«, dann würde ich vielleicht sogar wütend werden und erwidern: »Es war nicht mein Hitler, ich war nie ein Nazi, ich fühle mich nicht schuldig.« Aber das hätte alles nur noch schlimmer gemacht. Wer sich verteidigt, klagt sich an.

Julius drehte sich ganz langsam wieder zu mir um

und begann bedächtig, Wort für Wort zu zitieren – deutlich und gut artikuliert wie ein eifriger Schüler:

»Der Stein war ein Opal...
Der hundert schöne Farben spielte...
Und hatte die geheime Kraft
Vor Gott und Menschen angenehm zu machen
Wer in dieser Zuversicht ihn trug...«

Er wiederholte eindringlich: »Der Stein war ein Opal...«
Julius lächelte zufrieden. Er pfiff leise durch die Zähne und polierte weiter.
Ich schwieg verwirrt.
»Das habe ich in der Schule gelernt und nix vergessen. Sie kennen?«
»Nathan der Weise? Die Ringfabel?«
»Jawohl, liebe Dame, herrlichstes deutsches Gedankengut. Für einen Juden geschrieben, für Nathan den Weisen, von einem Juden vorgetragen, von Julius, dem Einfältigen.« Er verneigte sich tief.
Ich applaudierte.
»Ich danke Ihnen für alles, was Sie gesagt haben«, sagte ich erleichtert. Und ich dachte: ›Und noch mehr für alles, was du nicht gesagt hast.‹
Julius meinte bescheiden und ein wenig sehnsüchtig-traurig: »Deitsch is meine große Liebe, Louis, meine ganz große, unglückliche Liebe.«

Vik

»Vik, hallo Vik, I am here!« rief ich in die Tiefe hinab. Das Echo kam zurück wie aus einem Brunnen. Ich ging noch näher an das schwarze Loch heran. »Vik, hallo Vik, I'm here.« Eine Menge Dirt und Kies kullerten nach.
»Coming!« ertönte es von unten.
Ich trat zurück von der Öffnung. Vik sollte nicht den ganzen Kies auf den Kopf bekommen. Er war bestimmt nicht der Typ, der einen Schutzhelm trug.
Ich hatte ihn am Abend zuvor im »Digger's Pub« kennengelernt, und er hatte mich eingeladen, seine Mine zu besuchen. Bei allen anderen hatte ich bisher abgelehnt; es hatten mich schon viele aufgefordert.
Aber bisher hatte ich nie Vertrauen zu den eisernen Leitern gehabt, die in die Tiefe führten und die mir zum Teil verrostet erschienen oder unsachgemäß angebracht. Ich fürchtete auch, die Minen könnten einstürzen, weil sie nicht profes-

sionell genug angelegt waren — es waren ja nichts als tiefe Erdlöcher. Vor kurzem erst hatte man einen Mann aufgefunden, der drei Tage lang mit gebrochenem Arm in einer verschütteten Mine gelegen hatte.

Viks Einladung war ich gefolgt, obwohl er keineswegs vertrauenerweckender war als die anderen. Im Gegenteil. Warum nur? Manche nannten ihn einen Säufer, andere einen Spieler. Seine Frau war ihm vor einiger Zeit durchgebrannt, und jetzt lebte er — so erzählte man sich im Pub — mit einer Aboriginal zusammen.

Trotzdem ging ich hin.

Ich hörte einen elektrischen Motor anspringen. Die Eisenkette, die über eine Winde lief, fing an, sich zu bewegen.

Wie auf einer Provinzbühne, auf der Mephisto aus der Versenkung erscheint, tauchte plötzlich Vik auf, zusammengekauert in einem Förderkorb. Es fehlten nur noch Donner und Blitz für seinen Auftritt. Geschickt sprang er aus dem Korb, der sogleich wieder in die Tiefe sauste.

»Good morning, Madam«, begrüßte er mich höflich und neigte den Kopf. Dabei fiel jede Menge Kies aus seinem Haar. Sein Gesicht war grau von Staub und Erde. Vik sah gut aus, das war nicht zu bestreiten, aber er hatte irgend etwas an sich, das mich schon am Tag vorher befremdet hatte. Es befremdete mich und zog mich zugleich an —

Julius
Vik
ganz schön eitel

aber ich wußte nicht, was es war. War es ein unsichtbares Zeichen an seiner Stirn oder eine besondere Ausstrahlung? Ich konnte es nicht benennen, und trotzdem war es ganz real. Es war wie ein Traum, den man nicht greifen und deshalb auch nicht erzählen kann. Fetzenhafte Bilder schossen mir durch den Kopf, irgend etwas an ihm rührte mich stark an.

Sollte ich mich so sehr verändert haben, daß Dinge auf mich zukamen, denen ich nicht gewachsen war? Hatte das Alleinsein mich dünnhäutiger gemacht, ansprechbarer für Schwingungen, die ich früher gar nicht bemerkt hätte?

Mit einem Mal wußte ich, daß ich nur hergekommen war, um zu prüfen, wie es um mich und Vik stand, um zu sehen, ob sich der seltsame Eindruck vom Abend vorher wiederholen würde.

Vik stand groß und schlank in der grellen Sonne, aber ich sah keinen Schatten.

»The digger and his soul«, dachte ich. Er hatte bestimmt seinen Schatten dem Teufel verkauft.

Ich hatte verloren, was mir das Wesentlichste im Leben gewesen war. Ich fühlte mich aufgerissen und verletzlich – kamen deshalb plötzlich Gesichter auf mich zu, die ich früher gar nicht bemerkt hätte? Aber vielleicht war da gar nichts Übersinnliches, vielleicht war es einfach nur die Aura des Abenteurers, des Entwurzelten.

Es war mir unangenehm, ihn so anzustarren,

aber ich konnte auch nicht wegschauen, bevor ich mir nicht selbst klargeworden war.
Lautlos betete ich: »Lieber Gott, laß es nur Einbildung sein, ich möchte nicht wissen, was mit ihm geschieht, ich möchte keine Ahnungen haben.«
Vik trug ein Goldkettchen um den Hals. Seine Beine steckten in engen Jeans. Er hatte etwas Verwegenes. Das alles war nichts Besonderes, unterschied ihn in keiner Weise von vielen Männern in der Minenstadt. Kein Grund für eine solche Faszination. Aber wie bei den Bildern von Picasso waren seine Züge irgendwie zerrissen, durcheinandergeschüttelt. Sein Gesicht war auf der einen Seite ganz anders als auf der anderen, und wenn er den Kopf hob oder senkte, fielen seine Gesichtszüge auseinander und verfremdeten sich.
Für mich gab es keinen Zweifel, da stand ein Mann, dessen Schicksal besiegelt war. Er selbst wußte es bloß nicht.
»Diesen Aufzug hab ich eigenhändig konstruiert, Madam«, sagte er stolz. »Ich kann jetzt viel schneller Dirt heraufbefördern als früher mit eigener Kraft. Fünfundfünfzig Liter Zehendreck passen in einen Eimer.«
»Muß es denn gar so schnell gehen?« fragte ich ängstlich. Warum so eilig? Hatte er nur noch wenig Zeit? Wußte er etwa, wie es um ihn stand?
»Ja natürlich, Madam, ich muß so schnell wie

möglich Millionär werden, und ich glaube, heute passiert's. Ich hab einen verdammt guten Tag heute.«
Er bückte sich und zerbröselte kleine Erdballen. Überall konnte noch ein Nobby, ein kleiner Opal, stecken.
»Wie ein Maulwurf arbeite ich schon seit heute früh. Jetzt habe ich einen verdammten Durst. Wollen wir bei mir in der Hütte was trinken, Madam?«
Wir schlenderten zu seiner Wellblechhütte.
»Warum glauben Sie, daß Sie heute einen besonders guten Tag haben?« fragte ich. »Sind Sie einem Opal auf der Spur?« Das war mir so herausgerutscht, ich wollte ja nichts verschreien. Digger sind sehr abergläubisch.
Ich gönnte ihm den wertvollsten, größten Stein, einen Zehnkaräter – aber ich wußte, er würde ihm kein Glück bringen.
Er nickte begeistert mit dem Kopf. »Ich habe die beste Spur meines Lebens, Madam. Ich weiß nämlich ganz genau, wo Opale stecken.« Er zwinkerte mir zu. »Falls Sie es nicht wissen: Opale sind überall dort, wo man sie findet.«
Und dann fügte er leise und geheimnisvoll hinzu und hob dabei den Zeigefinger: »Man darf beim Schürfen nur drei Dinge nicht vergessen: Glück, Glück und wieder Glück.«
Wir waren bei seiner Wellblechhütte angelangt.

Wie bei unseren Fertighäusern ähneln sie sich alle und unterscheiden sich nur in der Größe. Vik bewohnte die etwas komfortablere Ausführung mit separater Küche und einem kleinen Vorgarten.
Eine Besonderheit bei Vik war auch der Spiegel über dem Kamin. Auf den steuerte er sofort zu, holte einen kleinen Kamm aus der Gesäßtasche seiner Jeans und frisierte seine Haare mit Schwung zu einer »Entenschwanzfrisur«. Mein Vater als Leutnant bei den Deutschmeistern nannte seine sehr ähnliche Haartracht damals »Katzenarsch«.
Die Hütte war in tadelloser Ordnung. Das war auch weiter nicht schwierig, weil so wenig drinnen stand. Hier wohnte ein Mann ohne Ansprüche, das war offensichtlich. Auch kein Sammler von Reichtümern; er suchte die Opale um des Suchens willen, darin bestand für ihn die Spannung. Das Geld, das er dafür bekam, versoff er sofort oder brachte es auf andere Weise unter die Leute. Er hing an nichts – ein Heimatloser, den Aboriginals nicht unähnlich.
Von einer Frau keine Spur.
»Sie sollen so eine hübsche Freundin haben, hat man mir erzählt. Kann man sie begrüßen?«
Vik hatte zwei Cola-Flaschen aus dem Kühlschrank geholt. Er versah sie mit Trinkhalmen und gab mir eine. Er grinste.
»Hat man Ihnen das im Pub erzählt? Hier gibt es

wirklich kein anderes Thema als Opale und Weiber. Nein, leider, man kann sie nicht begrüßen. Sie ist vor ein paar Tagen ›gone with the wind‹, abgehauen, verduftet.«
Er setzte sich zu mir an den Tisch, und wir schlürften das klebrige, süße Zeug in uns hinein.
»Sie war wirklich ein nettes Mädchen, eine Schwarze, sehr hübsch. Ich brauch ja schließlich jemand, der mir kocht und ein bißchen aufräumt — und so.«
»Ja, natürlich — und so.« Wir blickten uns an und lachten.
»Und da ist mir natürlich eine junge Hübsche lieber als eine alte Häßliche. Die Hautfarbe spielt keine Rolle. Aber manchmal gibt's eben Streit, verdammt nochmal. Das kommt in den besten Familien vor und ist kein Rassenproblem. Und da hab ich sie verprügelt und rausgeschmissen.«
Er nahm wieder seinen Kamm aus der Tasche, ging zum Spiegel, frisierte sich von neuem, kämmte die Haare von der rechten Seite zur linken rüber, von der linken zur rechten. Er sprach mehr zu seinem Spiegelbild als zu mir.
Ich merkte plötzlich, daß er ganz und gar nicht so unbeteiligt war, wie er tat, daß ihm das Thema keineswegs gleichgültig war.
»Vielleicht hatte ich auch ein paar Gläser zuviel getrunken. Naja, es hat ziemlich gedonnert und geblitzt. Als sie dann weg war und ich schon fest

schlief, rückte plötzlich die ganze Familie an – die haben ja einen verdammt großen Hang zum Dramatischen. Die haben sich um mein Bett aufgebaut, und plötzlich konnte ich mich nicht mehr rühren. Ich dachte, ich träume. So was habe ich noch nie erlebt. ›Point the bone‹, nennen sie das; das ist ein ganz alter Fluch. Sie hielten mir den Ellenbogenknochen irgendeines Ahnen vors Gesicht und jetzt glauben sie, daß ich sterben muß. Aber den Gefallen tu ich ihnen nicht.«

»Nein, nein, sicher nicht. Aber trotzdem – so ganz bestimmt weiß man das nie.«

»Nein, wohl nicht.« Er legte den Arm um mich, und ich fühlte, daß er eiskalt war.

»Jetzt habe ich wieder niemand, der mir kocht – und so! Das ist das einzig Bedauerliche an der Sache. Vergessen wir's, Madam. Es heißt ja immer, Weiber bringen Unglück in den Minen. Seit sie weg ist, läuft's wie geschmiert. Gehen wir, Madam, sonst verliere ich noch meine gute Fährte.«

Beim Einstieg in das Loch half er mir mit allergrößter Umsicht, vor allem wohl deshalb, weil er fürchtete, so ein Unfall würde ihm schreckliche Scherereien bringen.

Er stieg vor mir ein, zeigte mir den Griff, an dem ich mich festhalten sollte. »Und dann einen großen Schritt über das Loch hinweg und immer langsam eine Stufe nach der anderen mit dem

Fuß nach unten suchen und sich dann ruhig nachgleiten lassen. Okay? Falls es Ihnen aus irgendeinem Grund mulmig wird, schwindlig oder so — könnte ja sein — dann lehnen Sie sich an die Hinterwand.«
Er ließ sich abwärts gleiten und war gleichzeitig ganz Aufmerksamkeit für mich.
Er hatte mich überhaupt erst auf die Idee gebracht, daß mir schwindlig werden könnte. An die Hinterwand wollte ich mich auf gar keinen Fall anlehnen — ich durfte mir keine Schwäche zugestehen, sonst war ich verloren.
Ich wurde das Gefühl nicht los — unter mir ging ein Mann ohne Schatten, der verflucht war. Er sah zu mir hoch und beobachtete jede meiner Bewegungen. Das verunsicherte mich noch mehr.
»Bloß fünfzig kleine Stufen, Madam. Nur Mut!«
Ich hatte das Gefühl, er wurde allmählich ungeduldig, er wollte zu seinem ersehnten Sunset-Opal.
Die Eisenstangen der Leiter faßten sich schmierig an, rochen scharf und süßlich nach Rost. Auch Blut riecht so. Es ging mir an die Magennerven.
Die ersten zehn Stufen versuchte ich immer wieder, in das vertraute Tageslicht hinaufzuschauen, aber da rieselte mir der feine Staub in die Augen und kleine Steinchen fielen mir ins Gesicht. Ich konnte sie nicht wegwischen, weil ich Angst hatte, die Leiter loszulassen. Hinunter konnte ich

auch nicht schauen, da waren Viks Augen auf mich gerichtet. So blickte ich starr auf die Erdschichten, an denen ich vorbeiglitt.
Erst kam die Sandsteinzone, dann der Eisensteingürtel und schließlich das Boulderband, ein Zeichen für gutes Opalvorkommen. Das freute mich für Vik. Ich hatte wirklich eine große Schwäche für ihn und hätte ihm gern einen Zehneinhalbkaräter gegönnt.
Ich tastete mich langsam vor. Mal fehlte eine Sprosse, mal fehlten gleich zwei. Dann fuhr ich mit dem Fuß unsicher und nervös im Dunklen herum.
»Überspring nur keine Sprosse, das verzeiht dir keine Sprosse«, sagte Nietzsche.
Die Leiter hat schon immer eine große Rolle im menschlichen Leben gespielt. Ich dachte an die Himmelsleiter, auf der ich als »Annelie« vom Diesseits ins Jenseits stieg. Ins Jenseits.
Und ich dachte an die Leiter, die mir das größte Leid meines Lebens zugefügt hatte. Ich mußte mich festhalten, denn plötzlich sah ich wieder das Bild vor mir. Mir kamen Gedanken wie: Wenn die Leiter nicht gewesen wäre... man hätte doch... warum habe ich nicht... Ich mußte mich plötzlich selbst anschreien: »Hör auf!!!«
»Ist Ihnen was, Madam?« kam's von unten.
Die Luft wurde wärmer und dicker.
»Gleich haben wir's geschafft, Madam.«

Er sprang die letzten Sprossen hinunter und reichte mir die Hand. Sie war immer noch eiskalt. Er war ein Mann, der eigentlich schon nicht mehr existierte.
Dann vergaß er mich. Die Höhle war niedrig, Vik konnte nicht einmal aufrecht stehen. Bei mir reichte es knapp. Wir krochen nach hinten, wo es ganz niedrig wurde und eine kleine funzelige Lampe brannte.
Ohne Worte und Umstände fing Vik sofort zu schürfen an. Ich hockte mich neben ihn und beobachtete ihn bei der Arbeit. Er schürfte mit dem Pickel ganz vorsichtig, löste immer nur winzig kleine Erdklumpen von der Wand ab und zerbröselte sie dann. Er wirkte ruhig und konzentriert, ganz in seinem Element.
Ich hatte mich getäuscht, der Typ war in Ordnung, er würde es schaffen.
Um uns herum war es dunkel, und die Rumhokkerei wurde mir allmählich unbequem und langweilig.
Da kam zum Glück Pat. »Hallo!« rief sie von oben.
Und ich antwortete: »Coming.«
Ohne Vik zu stören, ging ich zur Leiter. Ich sagte zum Abschied nur leise: »Be careful.«
Leicht und problemlos stieg ich die fünfzig Stufen wieder hinauf.
Ich war wie befreit und atmete tief auf: »Lieber

Gott, ich danke dir, daß ich keine Ahnungen habe und mir deine Wege ein Geheimnis bleiben.«

Viel später erfuhr ich, daß Vik verunglückt war. Genau an dem Tag, an dem ich ihn besucht hatte, war er fündig geworden.
Am Abend feierte er das Ereignis mit Freunden und stürzte auf dem Heimweg in ein Minenloch. Sein Kumpel, der ihn begleitete und der genauso betrunken war wie er, lief nach Hause, um ein Seil zu holen. Das warf er in seinem Rausch dem ohnmächtigen Vik hinterher. Dann machte er sich zufrieden auf den Heimweg und legte sich schlafen.
Erst einen Tag später fand man den Schwerverletzten und brachte ihn mit der Air Ambulance nach Sydney.
Vik war weg vom Fenster.

Der alte Mann aus der Steinzeit

Nach langem Suchen hatte ich ihn endlich gefunden; das war gar nicht einfach gewesen.
Ich wußte nur seinen Vornamen, daß er 94 Jahre alt war und in einer Wellblechhütte weit draußen vor der Stadt wohnte.
Dort fand ich ihn auch.
Er saß im Schein der untergehenden Sonne, und er und die Sonne waren sich ähnlich, beide waren am Verlöschen.
Ich stand hinter einem Eukalyptusbaum in ziemlicher Entfernung von ihm. Bevor ich ihn besuchte, wollte ich mich auf ihn einstellen, mich hineindenken, mich versenken in seine Welt, von der ich soviel gehört und gelesen hatte. Aber konnte ich sie überhaupt begreifen?
Ich wollte nicht wie ein Tourist auf ihn zugehen und sagen: »Grüß Gott, Herr Aboriginal, dürfte ich Sie mal fotografieren?«
Sicher war er das gewöhnt, aber sicher fand er es auch schrecklich.

Ich hasse es auch, wenn Leute mich fragen: »Darf ich Sie mal knipsen, gnädige Frau?«
Wahrscheinlich war er voll Verachtung für alle diese Voyeure, die in seine Seele gucken wollten.
Er mußte sich ja als Exote vorkommen. Vielleicht sollte ich ihn lieber gar nicht ansprechen. Vielleicht sollte ich mich damit begnügen, ihn von weitem betrachtet zu haben?
Ich stellte mir vor, daß er jetzt Abschied nahm von der Sonne. Für die Aboriginals war sie der erste aller Menschen gewesen und natürlich ein Mann. So hatte es ihm auch seine Mutter erzählt. Der Sonnenmann tauchte im Osten auf, umkreiste die Erde und betrachtete alles voller Interesse und Neugierde. Er freute sich über die Veränderungen, die er täglich sah, blumige Wiesen und tiefe Wälder, Eukalyptusbäume, gelbblühende Woddles, Flüsse, Teiche und Bäche. Später dann auch die Tiere: Emus, Känguruhs und Schlangen. Und schließlich die Menschen.
Damals waren alle Kreaturen sehr viel größer als heute, denn sie kamen aus der geheimnisvollen Dreamtime.
Ich glaube, niemand außer den australischen Ureinwohnern kann wirklich begreifen, was Dreamtime ist. Man übersetzt sie wörtlich mit »Traumzeit«, aber sie hat überhaupt nichts mit unseren Träumen zu tun. Und der Begriff »Zeit«

ist ja in unserer eigenen Sprache kaum zu fassen. Die Dreamtime muß ein Zwischenzustand sein aus einer anderen Welt, ein vergessenes Geheimnis.
Sicher hat der alte Mann in seinem langen Leben von den Weißen gehört, daß die Sonne kein Mann ist, sondern ein Fixstern, um den die Erde und viele Planeten kreisen. Er hat es gehört, aber er glaubt es nicht.
Ich weiß auch, daß schon viele Männer auf dem Mond waren. Aber ich glaube immer noch, daß es der gute Mond ist, der so stille geht durch die Abendwolken hin — so, wie es mir meine Mutter als Schlummerlied gesungen hat.
Hinter dem Eukalyptusbaum versteckt, ging mir alles durch den Kopf, was ich über die Aboriginals gehört hatte. Ich wußte, daß sie übersinnliche Fähigkeiten haben, die uns schon lange verlorengegangen sind, daß sie Dämonen und Geister beschwören können und eine ganz enge Beziehung haben zu den geheimnisvollen Kräften der Natur. Sie beherrschen die Kunst des Hellsehens und der Hypnose, und sie können die Zukunft voraussagen. Das ist für sie ganz real und selbstverständlich.
Noch nach Jahren können sie Spuren von Menschen und Tieren im Busch lesen. Kraft ihres Willens können sie Feinde töten und sich dann deren Kräfte aneignen. In der Meditation können sie

selbst jederzeit wieder in die Dreamtime eingehen.
Deshalb war dies für mich nicht irgendeine Begegnung. Gedanken und Wünsche, über die ich selbst kaum nachzudenken wagte, brachte ich mit zu dem alten Mann, der dort in der Abendsonne vor seiner Wellblechhütte saß.
Er hockte in seinem zerschlissenen Stuhl, den er wahrscheinlich von der Mission geschenkt bekommen hatte, die langen hageren Beine übereinandergeschlagen. Das verlieh ihm etwas Elegantes, fast Aristokratisches.
Er hatte seinen Hut tief ins Gesicht gerückt. Die grellen Strahlen der Sonne schienen ihn zu stören, obwohl er zum Schutz seiner Augen auch noch eine große dunkle Brille trug.
So entspannt wie er dasaß, hätte er auch auf den Champs-Élysées in Paris sitzen können. Niemand hätte ihn für einen Steinzeitmenschen gehalten. Die Damen hätten seine breite Nase, die fast über die halben Wangen ging, für sinnlich und triebhaft deklariert. Und seine dunkelbraune Haut konnte auch von der Mittelmeersonne an der Riviera kommen.
Bei näherer Betrachtung allerdings sah ich, daß seine nackten, glatten, unbehaarten Beine in derben Stiefeln ohne Schnürsenkel steckten und daß sein fadenscheiniger Anzug reichlich speckig und zerschlissen war.

Er saß da und rührte sich nicht, aber plötzlich rief er: »He, young lady, want to meet me?«
Er hatte mich also längst bemerkt. Aber ›young lady‹? Jetzt war ich sicher, daß er augenkrank war. Drakóma ist ein infektiöses Augenleiden, das die Aboriginals schon vor dem Eintreffen der Weißen auf ihrem Kontinent hatten. Wenigstens daran sind wir unschuldig.
Der halbblinde Mann schien mich also geahnt zu haben, gespürt, erfühlt.
Ich hatte einen günstigen Augenblick erwischt, denn er war allein, nicht – wie wohl üblich – umringt von Anthropologen, von Wissenschaftlern, die ihn ausfragten und denen er nichts Wesentliches sagen konnte, weil er sich selbst nicht mehr erinnerte.
»Come on«, wiederholte er. Er hatte mich gerufen, jetzt mußte ich gehen.
Langsam ging ich auf ihn zu. Zwischen ihm und mir lag die ganze Geschichte der Menschheit. Ich war plötzlich ganz unsicher. Er war mir so fremd, ein Wesen aus einer anderen Welt, eine Kostbarkeit. Ich hatte große Ehrfurcht vor ihm.
Schweigend blieb ich neben ihm stehen. Er blieb natürlich sitzen.
»Hol dir einen Stuhl aus dem Haus, young lady. Ich bin zu müde dazu«, sagte er freundlich, aber auch ein wenig gleichgültig.
In seiner Wellblechhütte sah es grausam aus. Das

war keine Wohnung, eher ein Käfig oder ein Stall. Ich konnte weder eine Schlafstelle noch eine Waschmöglichkeit erkennen. Hier fühlte sich niemand zu Hause, hier hauste ein Nomade, der ohne weiteres bereit war, am nächsten Tag wieder alles zu verlassen. »Walkabout« nennen das die Aboriginals – es liegt ihnen im Blut.

Das einzige, was zu ihm paßte in diesem desolaten Tohuwabohu, war das Feuer. In einem großen offenen Kamin lag ein dicker glühender Holzblock, und die Luft im Raum roch nach Rauch.

Auf dem Fußboden standen Töpfe, neben- und übereinandergeschichtet, mit Resten von Nudelsuppe, Fleisch, Salat und Reispudding. »Meals on Wheels« – das Essen kam von der Mission, das bekamen alle Alten.

Ich konnte ihn mir so gut vorstellen, wie er nackt, mit wilder Bemalung, seine magischen Tänze tanzte, um das Jagdglück zu beschwören. Den Speer in der Hand – der jetzt in der hintersten Ecke lehnte wie ein Besen.

Wie er mit dem erlegten Känguruh über der Schulter zurückkehrte und das Tier nach genau festgelegtem Ritual aufteilte. Eltern und Schwiegereltern bekamen die besten Stücke, dann waren die Kinder an der Reihe und zum Schluß er und seine Frau.

Und jetzt bist du nichts als ein Almosenempfänger. Wären wir Weißen nicht gekommen, würden deine Söhne, Schwiegersöhne und Enkelkinder dich jetzt mit den allerfeinsten Stücken des Känguruhs versorgen.

Als deine Gesellschaft noch intakt war, war das Alter noch verehrungswürdig, und die Erfahrungen der Eltern und Großeltern war lebensnotwendig für die Jungen.

Du konntest den Kindern das Fährtenlesen beibringen, wußtest, wo Wasserlöcher waren, kanntest alle Gesetze und Lehren, die im Umgang mit der feindlichen Umwelt, mit den Geistern und Dämonen zu beherzigen waren.

Armer alter Krieger – wie seltsam mag dir das alles nun vorkommen! Totems und Tabus, alles hat plötzlich seinen Wert und seine Bedeutung verloren, zerfällt wie die Asche im Kamin.

Ob es mir gelingen würde, einen Kontakt mit ihm zu bekommen? Ich erhoffte mir so viel von ihm – vielleicht konnte er mir wirklich helfen.

Die Sonne war schon untergegangen, als ich wieder ins Freie hinaustrat.

Ich stellte meinen Stuhl ganz dicht neben ihn, ich wollte jedes Wort von ihm hören und verstehen.

Ohne zu zögern, ganz unvermittelt, nahm er meine Hand in die seine und versuchte mir meine Ringe vom Finger zu drehen. Ich habe einmal mit einem Affen gefilmt, einem Schimpansen, den

ich sehr liebte, und der tat dies auch so gerne und auf dieselbe Art.
»Gold«, sagte er beeindruckt, mit tiefer Stimme.
»Ja, es ist Gold – und wie geht's dir?« fragte ich zusammenhanglos und ein wenig einfältig und entzog ihm meine Hand.
Er hatte den Ring sofort vergessen und begann mechanisch – auswendig gelernt – Floskeln herunterzuleiern.
»Es geht mir sehr gut. Ich habe keine Schmerzen. Meine Organe sind in Ordnung. Ich werde regelmäßig durchleuchtet von der Mission. Ich werde gut ernährt. Ich kann auch noch arbeiten, auf dem Feld oder am Bau. Meine Arbeitgeber sind zufrieden mit mir, sie meinen, ich wäre noch gar nicht so alt.«
»Du bist sehr alt, du bist doch schon 95.«
»94, young lady, don't make me older.« Er lachte tief und von Herzen.
»Erinnerst du dich noch an deine Sprache?« fragte ich.
Er nickte und lachte. Es waren tatsächlich seine eigenen Zähne.
»Könntest du nicht einmal in deiner Sprache mit mir sprechen?«
Er nickte und meinte mitleidig: »Aber du verstehst mich ja sowieso nicht.«
Wie abwesend begann er vor sich hinzumurmeln. Merkwürdige fremdartige Laute, die sich zumin-

dest für meine Ohren immer wiederholten. Mir klangen sie traurig, ein bißchen jammernd. Töne mit hoher, dünner Falsettstimme gesungen – in den Intervallen machte er seltsame, mir unverständliche Handbewegungen.
So oder so ähnlich mochte auch der Gesang bei den Corroperehs, den abendlichen Tänzen der Aboriginals, klingen. Ich hätte nicht gewußt, wie ich danach tanzen sollte, dazu hätte ich wenigstens noch eine Trommel gebraucht.
Aber um den Rhythmus ging es ja gar nicht. Es ging um hypnotische, beschwörende, magische Schwingungen. Seine Stimme zitterte durch die Abenddämmerung, die mit ihrem Schleier alles zudeckte, alle Konturen verwischte.
»Ich habe vor kurzem einen Känguruh-Tanz gesehen«, sagte ich. »Kennst du den?«
Er nahm seinen Hut ab und wackelte mit dem Kopf. Seine kurzgeschorenen weißen Haare wurden plötzlich zu einem Fell, wirkten ganz animalisch. Kauend sah er zum Eukalyptusbaum hinauf, als wollte er die Blätter riechen und fressen, und dann – ruckartig und wie erschrocken – zu mir. Seine Arme waren auf einmal ganz kurz. Wie ein Känguruh kratzte er sich am Bauch und hinter dem Ohr.
Es mußte wohl etwas mit Hypnose zu tun haben – plötzlich saß ich nicht mehr neben einem alten Mann, sondern neben einem Känguruh. Mir

wurde unheimlich. Das war Zauber, Suggestion, Magie.
Der alte Mann setzte seinen Hut wieder auf. »Wir haben das von unseren Vorfahren gelernt und geben diese Fähigkeiten weiter an unsere Kinder und Enkel. In der Dreamtime waren wir alle einmal Känguruhs. Wir müssen uns nur daran erinnern, das ist die ganze Kunst.«
Vielleicht ist die Schauspielerei auch nichts anderes als ein Sichzurückerinnern an das, was wir in einem anderen Leben waren, an ferne, atavistische Fähigkeiten. Mit Magie jedenfalls hat unser Beruf auch zu tun.
Die Dunkelheit fiel jetzt ganz schnell herab. Aus der Hütte kam ein milder Schein und das Geknister des großen brennenden Holzblockes. Der anheimelnde, wohlige Geruch hüllte uns beide ein, verband uns.
»Bist du manchmal in der Dreamtime?«
»Ja, young lady, ich gehe oft in Gedanken dorthin. Mein Vater hat es mich gelehrt.«
»Wie ist es dort? Erzähl mir doch davon.«
Der Mond stand am Himmel wie eine Sichel. Er war zunehmend, aber man konnte ein »a« aus ihm machen. Ach ja, ich war ja auf der anderen Seite – mein eigener Antipode. Saturn und Jupiter standen auch verkehrt herum. Was ist richtig, was ist verkehrt? Es kommt ja immer alles nur auf den Standpunkt an.

Weil es dunkel geworden war, hatte er seine Brille abgenommen.
»Schön ist es dort, sehr schön«, meinte er gedankenverloren und wie aus der Ferne.
»Ja, aber wie?«
Er überlegte. Dann schnüffelte er ein bißchen mit seiner breiten Nase und sagte verträumt: »Man bekommt dort nie einen Schnupfen. Es wird kalt, ich möchte jetzt hineingehen.«
»Bleib doch bitte noch!«
Ich war enttäuscht über seine Aussage, aber sicher stimmte sie für ihn. Er empfand es so und deshalb war es so. Wenn jemand unter Schnupfen leidet, ist es für ihn paradiesisch, an einem Ort zu sein, wo er keinen Schnupfen hat. Mehr ist das Paradies vielleicht gar nicht.
Der alte Mann war zwar arm, verlottert, abhängig von der Fürsorge der Mission, aber er war eine Persönlichkeit von großer Ausstrahlung.
Ich zögerte lange, mußte mich erst überwinden, wagte es dann doch.
Vielleicht konnte er mir mit seinem tiefen Wissen tatsächlich helfen. Stockend begann ich zu reden, in Bruchstücken, mal auf Deutsch und mal auf Englisch. Immer wieder blieb mir die Stimme weg, weil mir die Tränen kamen. Ich erzählte ihm, daß ich traurig und allein sei, von der Sinnlosigkeit sprach ich, und ich erzählte ihm von meiner glücklichen Ehe. Aber jetzt war ich ohne

Mittelpunkt — sagte ich stockend — fühlte mich mitten durchgeschnitten.
Und ich fragte ihn, ob er mir helfen könnte — vielleicht in einer Hypnose?
Der alte Mann sah mich an mit seinen entzündeten, grellroten, kranken Augen, in denen die Pupillen hin- und herschwammen, suchend, um wenigstens einen Umriß von mir zu erkennen.
Ich glaubte, er würde sich bemühen, mich zu verstehen. Plötzlich sagte er wie abwesend: »Man wird einen anderen finden.«
Er stand auf, gähnte und ging langsam auf seine Hütte zu. Ich war für ihn nichts als ein Klageweib gewesen.
Ich machte mir Vorwürfe. Wie hatte ich nur so mein Gesicht verlieren können, wie konnte ich mit einem fremden Menschen — einem Steinzeitmenschen — über meinen Schmerz und meine Trauer sprechen. Er konnte sie doch unmöglich verstehen. Was bedeutete für ihn überhaupt eine Frau?
Bei den Aboriginals setzte man den Witwen früher hohe Kappen aus gebranntem Ton auf, die etwa vier Kilo schwer waren und die sie Tag und Nacht tragen mußten. Vielleicht sollten sie diesen körperlichen Schmerz erleiden, um den seelischen zu vergessen. Nach der langen Trauerzeit, in der sie stets Haltung bewahren mußten, auch wenn sie seelisch und körperlich fast am Ende

waren, durften sie die schwere Gipshaube abnehmen und auf das Grab des Verstorbenen legen. So erleichtert konnten sie sich wieder dem Leben zuwenden.
Der alte Mann blieb an der Tür stehen. Ich sah seine Silhouette im Feuerschein – sie war viel größer als er selbst.
Unvermittelt wandte er sich zu mir zurück. »Ich möchte auch nicht mehr leben, young lady. Ich wünschte, es wäre bald zu Ende. Good bye.«
Er reichte mir seine Hand und ich ergriff sie. Sie war knochig, schmal, kalt und ohne Druck. Wieder dachte ich an den Schimpansen.
»Was heißt ›good bye‹ in deiner Sprache?« fragte ich.
Er lachte verlegen, weil man nie gern in einer Sprache etwas sagt, die der andere nicht versteht: »Goromodoro.«
»Und was heißt das wörtlich?«
»Tränen weinen.« Damit ging er ins Haus.

Max, the German Poet

»Louis, weißt du was – wir haben einen deutschen Dichter hier«, sagte Pat eines Tages ganz unvermittelt.

»Wie bitte?«

»Ja, ich habe ihm von dir erzählt. Er erwartet dich heute um fünf. Hast du Lust, ihn kennenzulernen?«

Ein deutscher Dichter – hier, in einer Minenstadt? Sonderbar.

»Wie heißt er denn?«

»Max!«

»Und wie weiter?«

»Keine Ahnung.« Pat fragte die ganze Familie. Niemand wußte es.

Ein Dichter mit Vornamen Max? Wer mochte sich hinter diesem »Pseudonym« verstecken?

Ich stelle mir eine Persönlichkeit vor wie Hermann Hesse oder Ernst Wiechert, einen Idealisten, der den Literaturbetrieb in Deutschland satt

hatte, einen Aussteiger von gehobenem Format. Ich war sehr gespannt.
Als Gastgeschenk kauften Pat und ich eine Büchse Nescafé und eine Flasche Kognak. Dichter könnten das immer brauchen, meinte Pat. Den Nescafé fand ich ein bißchen seltsam, wie ein Geschenk aus der RM-Zeit. Ich war fest davon überzeugt, sie würde mich jetzt zu einer Villa fahren. Und was sollte damit ein Dichter in einer Villa? Aber wieso kam ich eigentlich auf die Idee, ein deutscher Dichter in Australien müßte in einer Villa wohnen?
Wir hielten vor einer ärmlichen Wellblechhütte.
»Hier wohnt er?«
»Ja, hier wohnt er.« Pat hatte meine Enttäuschung überhaupt nicht bemerkt, weil sie ja nicht im mindesten ahnte, weshalb ich enttäuscht war.
Vor der Hütte stand ein Tisch mit einer leicht verfärbten Tischdecke. Eine Menge Opale — mit Preistäfelchen versehen — waren darauf angeordnet.
»Max hat diese Opale in Kommission«, sagte Pat.
»Der große Dichter?«
»Wie erfolgreich er ist, weiß ich nicht. Er muß wohl auch von was leben.«
Ein Bestseller-Autor war er also nicht.
Ich stieg aus, und Pat fuhr weiter.
Max erwartete mich bereits. Er stand in der Mitte

seiner dunklen Hütte, die nur spärlich durch das Licht von der Tür und das Fenster in der Küche erleuchtet wurde. Ein kleiner dicklicher Mann mit einem Krückstock, der mir mühsam entgegen humpelte. Neben ihm ein großer Wolfshund, der ihm nicht von der Seite wich.

»I bin der Max«, sagte er in bäuerlichem österreichischen Dialekt. Ein Landsmann in einer öden Minenstadt.

Ich überreichte ihm Kaffee und Kognak: »Statt Blumen.«

»Oh, dankschön.«

Er humpelte damit in die Küche und brachte zwei vorbereitete Tassen mit Löffeln und Zuckerstückchen. Über den linken Arm hatte er wie ein Kellner eine Serviette gehängt. Damit wischte er den Tisch ab, bevor er die Tassen darauf stellte. Auf dem Tisch lag ein Buch: »Graz, die Perle der Steiermark.«

Der Wolfshund sah mich aus schiefen, tückischen Augen an und knurrte plötzlich.

»Kusch! Halt die Goschn!« sagte Max.

Ein Dialektdichter?

»Er tuat nix, gell, Hexl, dem Fraule tuast nix. Bloß schnell beweg'n derfan S' Ihna net. Da springt er glei an die Gurgl. Er paßt halt auf, daß i net ausg'raubt werd.«

»Ausgeraubt?« Ich sah mich um – die Hütte machte einen sehr ärmlichen Eindruck.

»Ja, was meinen denn Sie, was die Steinderln da draußen wert san? Des wär schon an kleinen Raubmord wert. Aber nehmen S' doch bitte Platz.«
Er sah sich scheu um und sagte geheimnisvoll: »Da is ein Netz, dös geht über die ganze Wölt.« Bedeutsam legte er den Finger an den Mund. »Wenn hier ana an guaten Stein find, da is in a paar Tag schon a Einkäufer da von Shanghai oder Tokio. Ein unsichtbarer Radar, den ma net kennt. Ma weiß net, wias funktioniert, a lautlose Urwaldtrommel.«
Vielleicht war er ein Krimi-Autor?
Er holte den Kessel mit kochendem Wasser, gab in jede Tasse einen Löffel Nescafé und schüttete Wasser darauf.
»Graz, die Perle der Steiermark« störte ihn. Er legte das Buch beiseite.
»Haben Sie das geschrieben?« fragte ich voller Respekt.
»Na, wirkli net. Des is doch a Heimatschnulze.«
»O pardon.« Aber ich wagte ihn immer noch nicht zu fragen, was er eigentlich schrieb.
Max wischte noch einmal sorgfältig mit seiner Serviette um die Tassen herum, um einige Wassertropfen zu trocknen, und trug dann den Kessel in die Küche zurück. Verstohlen und neugierig sah ich mich in der auffallend ordentlichen, blitzsauberen kleinen Hütte um.

In der hintersten Ecke stand ein großer Ölkessel, den er zu einem Ofen umfunktioniert hatte. Das Rohr führte hinaus ins Freie. In der Zimmermitte stand der Tisch mit drei Stühlen – auf einem davon saß ich –, in der rechten Ecke befand sich sein Bett. Es war sehr akkurat gemacht, sorgfältig glattgestrichen, ganz ohne Buckel und Fältchen. Also Bettenbauen, das konnte er.

Aber dichten? Ich konnte keinerlei Utensilien entdecken. Keine Spur von einem Bücherschrank, weder Zeitungen noch Papier, kein Schreibzeug, keine Schreibmaschine. Wie machte er das?

Über dem Bett hing das Bild eines jungen Matrosen.

»Sind Sie das?«

Max, der aus der Küche zurückgekehrt war, lachte breit: »Na, des bin i net.«

Er setzte sich schwerfällig auf den Stuhl mir gegenüber. Scheinbar schmerzte das Bein.

»Des bin i net, des wor i amol. Als Bua damals, da bin i fort von dahaam, i wollt Gold such'n in Australien. Mit siebzehn hob i mi anheuern lass'n als Matros, und ab nach Perth. Auf dem Schiff hams mi glei zum Steward vom Kapitän g'macht, weil, na ja, i bin nämlich sehr ordentlich. Wor'n kaane schlecht'n Zeit'n dortmals. Aber dann in Perth bin i davon, abgehaun, Hab Landurlaub verlangt, und weg wor i. Mit am klaan Packl un-

term Arm, da worn meine Zivilkleider drin. Un dann bin i an Land blieb'n.«
Er schlürfte genüßlich seinen Kaffee.
»Hinter eim Schupp'n hab i mi umzog'n und dann hab i dem Dampfer nachg'wunkn... Muß i denn, muß i denn zum Städtele hinaus!«
Ich war voller Bewunderung. »So jung und ganz allein auf einem fremden Kontinent – haben Sie keine Angst gehabt?«
Der Max war nicht sentimental.
»A woher«, sagte er, »glei froh wor i. Der Drill hat mir eh net paßt auf dem Schiff. I wollt die Freiheit. Und dann bin i kreuz und quer durch Australien marschiert, ganz ohne Kompaß – aber i bin immer ankommen.«
Er streichelte dem Hund über den Kopf.
»Gell, Hexl, des tät ma heut wieda. Bloß jetzt bin i a bißl gehbehindert. Ham S' es eh scho g'sehn. Mögn S' a Bisquit?«
Er humpelte in die Küche und machte den Kühlschrank auf. Ich folgte ihm mit den Augen: Da stand ein Teller drin mit dunkelbraunem Keks, sonst war der Kühlschrank leer.
Wäre ich diesem Mann in Graz auf der Straße oder in einem Park begegnet, ich hätte ihn für irgendeinen Rentner gehalten. Nur seine Augen! An seinen Augen merkte man, was los war mit ihm. Das waren die Augen eines Mannes, der fünfzig Jahre Abenteurerleben hinter sich hatte.

Seine Augen sahen mich ruhig und stolz an, fast arrogant, sie waren ganz hell und klar – wie Opale. So ruhig konnte nur ein Mann schauen, der sich selbst treu geblieben war. Er hatte sich auch vom Gold nicht verführen lassen. Er war ein »strammer Max«.

Er brachte den Teller mit den Keks zum Tisch.

»Bitte, greifen S' doch zu.«

Die Kekse waren hart wie Stein, das sah man ihnen an. Richtige Plombenbrecher. Im Interesse meiner Zähne hielt ich mich zurück.

Max schenkte Kognak ein.

»Sie sollen leben, Max. Sind Sie aus Graz?«

Er lachte wieder verschmitzt. »Na, des bin i net, i wor aus Graz. Es is scho so lang her, i hob's fast vergessn. Zum Wohl! Wir trinken auf Österreich.«

»Ham S' niemals Heimweh?«

Stöhnend setzte er sich wieder.

»Na, nia! I wor ja öfter dahaam. Ich kann's mir scho leisten.«

Er sagte das ein bißchen protzig, so wie: ›Nur ka Mitleid, hoit mi net für an armen Schlucker.‹

Das hätte ich nie getan. Ich hatte inzwischen schon häufig von Gold- oder Opalsuchern gehört, die Riesenvermögen hinterlassen hatten. Erstens haben sie in so einer Minenstadt wenig Gelegenheit Geld auszugeben, und zweitens sind ihre Ansprüche meistens sehr bescheiden. Sie suchen ja um des Suchens willen, und im übrigen wollen sie leben, weiter nichts.

»Also, Geld, Geld hab i gnua. Des wär ka Problem. Aber was sollt i redn mit die Leit? Thema hamma koans. Allaweil ›weißt du noch und weißt du noch‹. Jö, wird des fad mit der Zeit. Und wenn i was erzähl, dann verstehns mi net. Und wenn sie red'n, dann tuans nur jammern, die Wehwehchens... da zwickt's und dort zwickt's. Do konnst net zuhörn. Na, i geh nimmer hoam. A anzigs Mol wor i weg mit olte Freind, hamma's lusti g'habt, san ma in der Fruah hoamkumma. Hot mei Schwester ganz streng g'frogt: ›Max, wo warst du?‹ Do hob i mir denkt: ›Mi siagst nimma.‹ Prosit!«

Wir tranken uns wieder zu.

Ich bewunderte ihn immer mehr. Als Kind war er auf und davon von zu Hause, ganz allein, ohne Geld, hatte er in einem fremden Land ein neues Leben begonnen. Und jetzt, ein alter Mann, war er noch oder wieder allein. Aber er wirkte ausgeglichen und zufrieden.

»Wer kocht denn für Sie?« fragte ich. Ich hätte allzu gern gewußt, wie er es schaffte, so ganz allein zurechtzukommen. Das interessierte mich jetzt mehr als seine Bücher — falls er überhaupt welche schrieb.

»Ah, mir geht's guat. Die kommen fünf Tag in der Woch! ›Meals on Wheels‹ von der Mission.

Da zahlt man einen Dollar pro Mahlzeit, wirkli preisgünstig. Fünfmal a wormes Essen, guat und reichlich. Und der Hexl bringens Knochen mit. Wo kriagt ma so was? Und da bleibt immer no wos für'n Abend übrig, konnst es aufwärmen. Heit zum Beispiel ham ma g'hobt Rindssuppn mit Nudeln, Fleisch mit Erdäpfeln, Solot und an Reispudding. Und dazu kriag i fünfzig Dollar Pension, no dazua zu dem, was i mir daspart hob.«

Solange er jung war, ist er dem Gold nachgelaufen, hat es gefunden, wieder verloren, wieder gefunden, auf die Bank gebracht. Aber er hat sich nie davon verrückt machen lassen. Eigentlich war es ihm Wurscht.

»Prost, Max!«

»I könnt nirgends anders leben als in einer Minenstadt, glauben S' dös? Na, dös glauben S' net und dös können S' a net verstehn, gell? Dös is ja dös, ma kann sich net begreiflich machen, kana kann dös vom andern verstehn, weil ma sich seine eigenen Erfahrungen hart erkämpft hat. Und in ana Minenstadt, da is eben die große Hoffnung zu Haus.«

(Allmählich denke ich, das könnte wohl sein Schreibstil sein, wenn er überhaupt schreibt.)

»In der Hoffnung, da gibt es eine Gemeinschaft, da versteht ma sich. Jeder denkt: Morgen könnst a Millionär sein, morgen passiert's, morgen bist

ganz groß da. Mir leiden alle unterm gleichen Fieber. Aber das kann kana verstehn, der net in ana Minenstadt lebt. Über Nacht kannst a Millionär sein, dös wär in Graz net mögli.«
»Haben Sie nach System gearbeitet?«
»O mei, Systeme, freili, da gibt's wirkli gnua. Wünschelrutn, magische Berechnungen, all's hob i g'macht. Aber es gibt kane Gesetze. Eigentlich nur Glück oder Pech. Amol hob i zwoa Johr in ana Höhl'n gewohnt und nach Gold grabn und grabn. Holb narrisch bin i worn. I hob denkt, da muaß ans sein. Dann hob i die Nerv'n verlorn und bin weg. Und wia i nach am holb'n Johr z'ruckkommen bin, da hat mei Nachfolger unter meinem Bett, da, wo i g'legn bin und träumt hab vom Gold, grab'n und glei solchene Klumpen gfunden. Jo, so kann's kommen im Leben. Prost!«
»Sie sind ein guter Erzähler, Max. Haben Sie diese Geschichten aufgeschrieben?«
Max schaute ein wenig schräg und antwortete nicht darauf. Er sprach weiter.
»Später amol, da hob i mein' größten Fund g'macht, da bin i neu wohin kommen, da hob i a Geldstückel ind' Luft g'haut, und wo's hing'fallen is, da hob i buddelt. Und wos sol i Eahna sog'n, ganz groß war der Klump'n, den wo i g'funden hob.«
Ob er überhaupt dichten konnte, interessierte

mich eigentlich gar nicht mehr. Er erzählte gut, und das genoß ich.
»Freili, sog'n derf ma nix, wenn ma wos g'funden hat. Ham S' eh g'hört, wos passiert is vor a paar Tog.«
»Sie meinen Mutter und Sohn, die schon seit einem Monat abgängig sind?«
»Genau die.«
»Das sind Ungarn, nicht?«
»Na, dös san koane Ungarn.«
»Nicht? Das hat man mir aber erzählt.«
»Es wor'n Ungarn.« Er lachte herzlich. »Die find ma nimma.«
»Ja, wieso denn nicht? Mit der Hexl zum Beispiel oder mit irgendeinem Polizeihund?«
»Die Polizei will jo gor net. I hob amol beim Schürfen a ganzes Skelett ausbuddelt. Die Boandl hob i alle schön eingsammelt und bin damit zur Polizei. Jo wos glauben S, wos do passiert is. Do hob'n sie mi fast außi g'schmissen. ›Go to hell, Max‹, hom's g'sogt. ›These bloody lousy bones. Too much work, too much writing for nothing.‹«
Jetzt lachte auch ich. Ich wunderte mich selber, daß ich solche Gruselgeschichten komisch fand. Max, der Abenteurer, lebte mit dem Risiko. Leben und Tod waren ihm vertraut, hatten alles Pathos verloren.
»I woaß jo, wia's wor«, sagte Max stolz wie ein Kommissar, der dabei gewesen war. »Die zwoa

Ungarn ham einem Engländer die Mine abgekauft. Wahrscheinli hams läut'n g'hört, daß da unten was zu holen is. Kaum hams ang'fangt zum Schürfen, da hams an Opal g'fundn, zehnahalb Karat oder so. 300000 Dollar soll er wert sein. Der Engländer is kommen, weil no net alles bezahlt war von der Mine. Er wollt seinen Anteil am Opal. Die Ungarn wollten nix rausrücken – puff, puff – weg war'ns. Bei 150000 Löcher, wie soll ma da zwoa Ungarn find'n.«
Er stand auf und wollte noch einmal Kaffeewasser holen, aber ich dankte.
»Kann ich Ihnen vielleicht helfen, die Opale reinzuholen? Es wird schon dunkel.«
»Dös is a guate Idee. Aber da muaß i die Hexl wegsperr'n, sonst san S' a toter Mann.«
Er nahm sie beim Halsband und führte sie durch die Hintertür hinaus. Max fand sicher jeden Abend jemand, der ihm die Steine reintragen half. Er ist der Typ. Wir legten alle die Kostbarkeiten auf ein Tablett, und ich schleppte es hinein.
»Die hob i jetzt alle in Kommission. Dös is a sehr guats Geschäft. Weil runter in die Löcher kann i nimma. I hob a künstliches Hüftgelenk.« Es klang fast stolz.
»Und jetzt bin i fast schmerzfrei.« Das klang noch stolzer.
»Was meinen S' wie i glückli bin, daß i schmerz-

frei bin. A paar Johr hat's mi gequält. Abnützungserscheinungen. Die Ärzte ham nix anzufangen g'wußt mit mir. Immer nur betäuben und betäuben. I bin scho rumgangen mit so am Schädl. Der Mog'n wor kaputt, das Herz wor kaputt, nix hat mehr funktioniert. Dann hams mi mit der Air Ambulance holen müss'n, mit der Beachcraft.«

»Dann kennen Sie vielleicht Nancy Bird Walton?«

»Na – ah so – ja – den Angel von der Air Ambulance? So a Rotblonde? Jo, jo, die hot mi aa b'sucht. Zwei Monat mußt i jo vorher aufpäppelt werd'n, bevor s' mi operiert ham, weil i so von Medikamenten vergiftet wor. Und jetzt muaß i schaug'n, daß i net zuviel iß, damit i net zu schwer werd für mein künstliches Gelenk«, er machte eine bedeutsame Pause, »es ist aus Gold!«

Draußen hupte der alte Chevrolet.

»Das ist Pat!«

Max humpelte voraus, ich folgte.

Pat rief mir durchs Autofenster fröhlich entgegen: »Na, wie gefällt dir unser Dichter?«

Ich schaute Max an. Seine hellbraunen Augen blickten undurchsichtig.

»Ich bin fasziniert von ihm.«

Wir gaben uns die Hand. »Servus, Max«, sagte ich, »ich hab Ihnen gern zug'hört, bleiben Sie, wie Sie sind.«

she'll be alright

Am artesischen See

Es war ein besonders trockener Tag, an dem Pat und ich hinausfuhren an den artesischen See. Ich fühlte mich völlig ausgedörrt; meine Haut brannte.

Ich bat: »Pat, komm, komm schnell!«

Nur in Bademäntel gehüllt, unter denen wir die Schwimmtrikots anhatten, fuhren wir aus der Stadt hinaus, ungefähr mit hundertzwanzig auf einer schnurgeraden Straße durch den Busch.

Ich drängte: »Kannst du nicht ein bißchen schneller fahren, Pat?«

»Louis, ich fahre bereits hundertzwanzig Sachen, das ist schnell genug für diese Straße.«

»Aber sonst fährst du immer schneller – immer! Nur gerade heute nicht...« Ich stockte, weil ich merkte, wie gereizt und streitsüchtig ich war.

Pat merkte es wohl auch und sagte nichts mehr darauf.

Schon von weitem sahen wir das dampfende Wasser. Es war ein Tag, an dem die Nase zusammenklebte vor Trockenheit, der Staub zum Husten reizte und die Lippen aufgesprungen waren vor Durst. Ein Durst, der durch keine Flüssigkeit gestillt werden konnte. Die Lufttrockenheit hatte dem Körper allen Saft entzogen. Das Blut hatte sich verdickt. Die Gedanken wurden schwer, melancholisch und depressiv und begannen, sich ein wenig zu verwirren. Die Gereiztheit hatte sich verselbständigt, ich hatte sie nicht mehr unter Kontrolle.

Pat war das gewöhnt, sie nahm es nicht tragisch. So oder so ähnlich reagierten die meisten Newcomer auf das Klima. Sie wußte – die Zufuhr von Feuchtigkeit würde die Balance wiederherstellen.

Wir tauchten ein in das weiche, warme Thermalwasser. Es war ein unbeschreibliches, wunderbar befreiendes Gefühl.

»Vorsicht, langsam!« mahnte Pat. »Und gut durchatmen.«

Sie hielt mich fest bei der Hand, denn es konnte leicht passieren, daß das ungewohnt warme Wasser plötzlich Kreislaufstörungen auslöste.

Wir hockten uns auf die großen runden Steine, die überall im Wasser lagen.

Ich schloß die Augen und grunzte vor Vergnügen. Ich spürte, wie sich jede Pore meines Körpers öffnete und der Kopf, der verkrampft war wie eine Faust, löste sich, wurde leicht und frei.

Ich fing an, leise vor mich hinzulachen vor Glück. Ich lachte und lachte und kicherte wie eine Blöde.
Ich war selig, weil mein Geist arm war. Alle Spannungen fielen von mir ab, die schweren Gedanken strömten aus. Nichts, nichts, gar nichts mehr war da. Ein schönes Gefühl.
Pat lachte mit, obwohl sie meinen Zustand nicht so nachempfinden konnte.
Der Duft von Eukalyptus lag in der Abenddämmerung besonders stark und intensiv über dem kleinen See. Ein leichter Wind wehte ihn sanft über unsere Köpfe hinweg in die weite Ebene des Outback. So hockten wir ganz allein in dem gut dreißig Grad warmen Wasser, das uns wohlig umhüllte. Wir sprachen wenig. Die Lebensgeister erwachten wieder.
Bei Sonnenuntergang bekamen wir Gesellschaft. Der kleine See war Treffpunkt für die Digger und Farmer aus der Umgebung, die allabendlich herkamen, um sich zu erfrischen. Das war schon fast so etwas wie ein Baderitual.
An diesem Abend kamen Peter, Pats Sohn, und sein Freund Jimmy, der Chemiker.
Wir unterhielten uns angeregt und lachten, daß es weit in die Ebene hineinhallte. Ich schrie vor Vergnügen und Schreck, weil die Känguruhs wie Schatten um uns herumsprangen. Das war mir ungewohnt und sehr aufregend.

Heute hatte sich auch ein Neuer eingefunden. Er hieß Willi, ein Deutscher aus Württemberg, der vor einigen Jahren mit seiner Familie von dort eingewandert war.
Sein Sohn studierte in Sydney, seine Tochter arbeitete als Sekretärin in Canberra. Ich schätzte ihn auf sechzig, aber er sagte, er sei fünfundvierzig. Körperlich war er ganz gut beisammen, sportlich und braungebrannt. Nur sein Gesicht war erschreckend weiß.
Er räkelte sich im warmen Wasser. »Wir fühlen uns sauwohl hier in Australien. Keine zehn Pferde bringen uns wieder zurück nach Deutschland. Nicht einmal, wenn mich der Schmidt persönlich mit dem Flugzeug abholen würd.«
»Aber so schlecht ist es doch bei uns auch wieder nicht.«
»Was, net schlecht? In Deutschland sitzt man doch auf einem Pulverfaß! Jeden Augenblick kann's losknallen.«
»Na, na, übertreiben Sie da nicht ein bißchen? Losgehen kann's schließlich überall.«
»Aber die Russen. Wir sind hier weit ab vom Schuß.«
»Was bedeuten heutzutage schon Entfernungen.«
»Und die Zeitungen, und das Fernsehen. Von nichts als von Neutronenbomben, Langstreckenraketen, Giftgasen und ähnlichem ist da die Rede, was andres hörst und siehst net. O

pfui Teufel. Und dann das Finanzamt in Deutschland – ewig hinter dir her. Steuern zahlen, blechen bis'd blutest. Man kommt ja gar nimmer zum Verschnaufen – dieser ewige Leistungszwang.«

»Aber leisten muß man hier doch auch was – von nix kommt nix.«

»Die Konkurrenz ist aber net so groß. Und dann das ewig miese Wetter.«

»Aber hier kann's doch auch heiß werden, vierzig Grad im Schatten.«

»Ist mir grad recht, mag gar net dran denken an diesen unaufhörlichen Scheißregen. Und was ich am tollsten hier finde, also, das ist wirklich einmalig – das Leben ist einfach so easy going!«

Sein Gesicht wurde immer weißer. Ob das vom Wasser kam? So ganz kaufte ich ihm die Geschichte vom ungetrübten großen Glück in Australien nicht ab. Deshalb ließ ich nicht locker. Sein Optimismus erschien mir zu forciert.

Schließlich erwähnte er so ganz nebenbei, daß er am 2. Oktober einen sehr unangenehmen Termin hätte.

»In Sydney wird mir ein Schrittmacher eingesetzt.«

Easy going?

»Aber Sie sind doch noch jung, Willi. Haben Sie sich denn so sehr überanstrengt?«

»Noi, net überanstrengt. Aber die ganze Umstellung halt, die fremde Sprach', Behördenlauferei, Sorgen mit den Kindern, bleim ja net aus, der neue Arbeitsplatz, neue Kollegen, ma is ja hier net dahoim, ma bleibt halt doch immer a Zugroister. Ja, so einfach derf ma sich das auch net vorstellen.«

Ganz so, wie ich es mir gedacht hatte. Schnell wollte er das Leben noch am Schopf packen, Karriere machen, das große Geld.

»Haben Sie a Ahnung, wie des funktioniert mit so oim Schrittmacher?«

Ich hatte keine Ahnung, aber ich log, um ihn zu beruhigen.

»Das ist keine große Sache. Grade in Sydney gibt es berühmte Spezialisten auf diesem Gebiet. In wenigen Tagen sind Sie bestimmt wieder draußen.«

Seine Lebensangst, die ich nun auf einmal ganz unmittelbar spürte, verursachte mir eine Gänsehaut. Ich litt mit ihm, weil ich seine Schwäche nun deutlich erkannt hatte.

Er griff sich ans Herz, zog sich aus dem Wasser hoch und setzte sich an den Rand. Er keuchte ziemlich.

Inzwischen war die Nacht hereingebrochen. Über uns das südliche Kreuz. Es spiegelte sich im Wasser: die vier Sterne mit dem Pointer.

In der Flagge sind sie verehrungsvoll festgehalten: Sie symbolisieren die fünf Länder Austra-

liens – New-Southwales, Tasmanien, Queensland, Nordaustralien und Westaustralien.
Und wir, die wir in dem dampfenden Wasser saßen, so daß nur noch unsere fünf Köpfe herausschauten wie kleine Kugeln im weiten Outback, was symbolisierten wir?
Wir hockten alle ziemlich nah an einer Stelle beisammen. Auf der anderen Seite des Sees, wo die Quelle aus der Erde hochsprudelte, war das Wasser zu heiß. Außerdem war es gemütlicher so, weil wir uns besser unterhalten konnten.
Willi, der immer noch grün-bleich am Rand saß: »Nun stellen Sie sich so ein Bad in Deutschland vor, die Überfüllung, pfui Teufel, Kopf an Kopf und Leib an Leib.«
Die Frage drängte sich mir nun geradezu auf: »Wie viele Einwohner habt ihr eigentlich in Australien?«
»Neun Millionen«, sagte Pat wie aus der Pistole geschossen.
»Neun Mios!« gröhlte Peter viel zu laut für die schöne Sternennacht. »O Mam, lang, lang ist's her! Fünfzehn Mios haben wir,und es kommen täglich welche dazu.«
Jim fügte hinzu: »Und ein Viertel davon sind Italiener.«
»Yes, wots«, knurrte Peter.
»Was heißt ›wots‹?« fragte ich ahnungslos.
Pat übersetzte es mir ins Ohr: »Ungeziefer.«

Peter, den das warme Wasser ganz high gemacht hatte, schrie: »I call them wots, all those lousy immigrants!«
»That's very kind of you«, sagte der bleiche Willi ironisch.
Peter lachte fröhlich: »But you can't kick them out.« Er tat so, als hätte er was richtig Nettes über die Einwanderer gesagt.
»Ihr könnt euch wahrhaftig nicht beklagen«, sagte ich. »Ihr habt doch Platz genug. Wir haben sechzig Millionen Einwohner und passen quadratmetermäßig dreißigmal in euch rein. Bei uns stehen auf einem Quadratkilometer zweihundertvierzig Menschen, bei euch nur zwei kleine Austies.«
»Na und was für welche! Schau mal Jim und mich an!« Peter schnellte seinen weißen Körper aus dem Wasser wie Neptun, und man konnte seinen wabbeligen Bierbauch sehen. Bier ist der Kaffee von Australien.
»Das einzige, was uns fehlt, ist das hier!« Er schlug mit der flachen Hand aufs Wasser.
»Peter, be careful, my permanent!« schrie Pat.
»I beg your pardon«, sagte Peter mit übertriebenstem englischen Akzent.
»Hier, Jim ist ja Chemiker. Los, Jim, erzähl Louis doch mal wie das geht mit der Wasserherstellung oder mit künstlichem Regen.«
Die Versuche in dieser Richtung waren mir nicht

neu. Ich hatte bereits mehrfach davon gehört, daß man in Australien heftigst daran arbeitete, aus Salzwasser Süßwasser zu machen.
»Wer finanziert denn diese Versuche?« fragte ich.
»Oh, Jim hat eine Menge Gönner. Na, erzähl schon, Mensch!«
Verlegen zierte Jim sich ein bißchen, aber dann entschloß er sich doch. »Also, ich nenne mein Projekt Aquapor. Es ist auf der Basis einer Membrane, eines Filters, aufgebaut, der wie eine menschliche Niere arbeitet und alles ausscheidet, was nicht drinnen bleiben soll.«
Und ziemlich deprimiert wie zu sich selbst: »Bis das alles mal so funktioniert, wie ich es mir vorstelle... es ist ja noch lange nicht reif.«
Ich liebe die Gespräche der Outback-Leute. Sie sind ganz direkt, halten die Gedanken nicht hinter dem Berg, weil kein Berg da ist. Sie machen wenig Blabla, sprechen unbefangen aus, was sie denken. Sie machen viele Pausen. Und in den Pausen — davon bin ich ganz fest überzeugt — da haben sie ganz große Gedanken, groß und weit wie der Himmel, unter dem sie leben. Von ihnen werden noch große Dinge kommen. Sie müssen noch kämpfen, müssen sich noch mit aller Kraft mit der Natur auseinandersetzen. Sie sind noch echte Frontiers, Pioniere.

Plötzlich wurden wir von zwei großen Scheinwerfern taghell angestrahlt. Ein riesiger Lastwagen war von der Hauptstraße abgebogen und fuhr direkt auf uns zu. Kurz vor dem See drehte er ab und machte die Scheinwerfer aus. Es war ein dreistöckiger Container. Ich hörte Schafe blöken.

Peter gröhlte: »Hallo, da seid ihr ja endlich, meine Schäfchen, da seid ihr ja alle.«

Und zu mir gewandt: »Die wollen nämlich auch mal baden. Die kommen jetzt alle zu uns ins Wasser. Rückt zusammen, girls, sie kommen!«

Ich bekam einen heillosen Schreck, im ersten Augenblick glaubte ich es ihm wirklich. In diesem Land, in dem mir so vieles fremd und unerwartet vorkam, war ich auf alles gefaßt. Vorsichtshalber beschloß ich, die Flucht zu ergreifen. Ich war schon halb aus dem Wasser, als mir klar wurde, daß Peter mich nur auf den Arm genommen hatte.

Er schlug sich auf die Schenkel vor Vergnügen, prustete vor Lachen, daß ich ihm so auf den Leim gegangen war.

»Sehr lustig, Peter, haha!«

Die Schäfer aber kamen tatsächlich. Es waren drei ziemlich wilde, verwegene Typen. Sie schlüpften aus ihren Jeans; ob sie was drunter anhatten oder nicht, konnte ich nicht erkennen. Es war schon dunkel, und so genau wollte ich nun

auch wieder nicht hinschauen — und eigentlich interessierte es mich auch nicht so besonders.
Mit großem Buhei und Gejohle gesellten sie sich zu uns. Sie machten sich einen sehr lautstarken, spektakulären Auftritt, die drei Kerle. Sie gaben so richtig an, produzierten sich, sprangen mit Überschlag und Bombe, wüst um sich spritzend, ins heiße Wasser.
»Manch einen hat bei so was schon der Schlag getroffen«, meinte Peter, und in seiner Stimme schwang ein bißchen Neid mit.
Plötzlich war ich umringt von drei dunklen, bärtigen Faunsköpfen, die mich breit anlachten.
»Heh, heh, heh!« riefen die anderen.
Aber ich hatte eigentlich gar nichts dagegen. Ich fand sie sehr nett. Natürlich klebte viel Erde, Dreck und Schweiß an ihnen, aber das war schließlich Natur. Sie waren mir weitaus angenehmer als so manche feine Pinkel, die weiß Gott wie geleckt aussehen und nach Pomade duften, aber an denen oft ganz andere Sachen kleben.
Und so sagte ich nur: »She'll be allright, mate!«

Allein mit dem Kookaburra

Es war früh am Morgen, ungefähr sieben Uhr. Vor dem Frühstück wollte ich noch ein wenig joggen. Ich hatte meine Laufschuhe an, eine Trainingshose und ein T-Shirt.
»Verirr dich bloß nicht«, meinte Pat am Tor, »das passiert hier furchtbar leicht, weil alles so gleich aussieht. Merk dir: Haus rechts, dann der Schuppen und dann links der Autofriedhof. Leider kann ich nicht mitkommen, ich habe noch allerlei mit den Männern zu besprechen. Montag ist Schafschertag.«
Ich trabte los und prägte mir alles genau ein: das Haus rechts, dann der Schuppen und dann links der Autofriedhof. Ich dachte: »Bald wird Pats Chevrolet auch hier enden. – Montag werden also die Schafe geschoren, da bin ich nicht mehr da.« Darüber war ich ganz froh, denn das kannte ich ja nun schon.
Ich lief an den Eukalyptusbäumen vorbei mit ihren jungen und alten Blättern, die so unterschied-

lich geformt sind. Links und rechts Prothäas, Banksias und Crovillas, diese intelligenten Buschpflanzen mit den Schutzkapseln, die sich bei Feuer schließen, so daß der Samen unversehrt bleibt. Sie rochen stark nach dem Rauch vom letzten Buschfeuer. Dankbar dachte ich dabei an Charles, der mir so vieles erklärt hatte. Ich wußte jetzt bereits eine Menge vom Busch und fühlte mich nicht mehr fremd.
Plötzlich hörte ich jemanden lachen. Sehr laut. Fast eine ganze Tonskala rauf und runter. Ich blieb stehen und drehte mich nach allen Seiten um, aber ich sah niemanden. Ich trabte weiter. Wieder das Lachen. Jetzt sah ich ihn: Es war der Kookaburra, der Lachvogel. Er saß nah vor mir in einem Baum, nun stieg er von Ast zu Ast weiter, wie ein Papagei immer über den großen Onkel. Eine Weile folgte ich ihm, dann war er plötzlich verschwunden.
Ich kehrte auf den Weg zurück, lief noch ein Stück und drehte dann um, Richtung Farm, aber weder Autofriedhof noch Schuppen tauchten auf — sie hätten längst da sein müssen. Ich beruhigte mich selbst: wahrscheinlich war ich weiter gelaufen, als ich dachte. Also noch einmal ein paar Minuten in der gleichen Richtung. Dann blieb ich stehen: es war klar, ich hatte mich verlaufen. Nach der Begegnung mit dem Kookaburra mußte ich die falsche Richtung eingeschlagen haben.

Jetzt galt es ruhig zu bleiben, ich mußte versuchen, die Stelle wiederzufinden, an der ich den Vogel zuletzt gesehen hatte.
Aber alles schaute gleich aus.
Überall Eukalyptus, Crovillas, Banksias und Prothäas.
Alle waren intelligent, nur ich nicht.
Es war heiß geworden oder mir war heiß geworden. Die Sonne brannte grell auf mich herunter, und ich hatte weder eine Sonnenbrille noch eine Kopfbedeckung. Meine Augen begannen zu tränen, mein Kopf schmerzte. Ich zog mein T-shirt aus und wickelte es mir als Sonnenschutz um den Kopf.
Dann startete ich einen neuen Versuch. Auf gut Glück lief ich in irgendeine Richtung, aber plötzlich hatte ich das Gefühl, immer bergauf zu laufen, steil bergauf.
Mir wurde schwindelig. Die Trainingshose beengte mich; ich zog sie aus und wickelte sie mir um den Bauch. Da fiel mir ein, was ich einmal gelesen hatte: Leute, die sich im Busch verirren, laufen immer im Kreis herum, und sie werden meistens ohne Kleider gefunden. Das wurde mir jetzt zur Zwangsvorstellung: würde es mir unweigerlich genauso ergehen? Ich versuchte mich zu beruhigen: ›Kein Grund zur Panik. Spätestens am Abend werden sie dich vermissen und suchen.‹

Ich zog die Hose wieder an. Aber dann kamen mir Zweifel: ›Vielleicht werden sie mich gar nicht vermissen. Vielleicht suchen sie mich erst in ein paar Tagen. Einzelne Menschen, Touristen, werden oft ganz vergessen.‹ Das konnte mir schließlich auch passieren.
Ich kam mir unbeschützt vor.
Am liebsten hätte ich mich in den Schatten gelegt und einfach die Augen zugemacht, aber ich hatte Angst vor Schlangen und Spinnen. Langsam trabte ich weiter.
Beißender Rauchgeruch stieg mir in die Nase — das kam von den verkohlten Prothäas. Der Geruch des Rauches vermischte sich mit dem von Akazien. Wie in Berlin — damals im Krieg.
Neben mir lief jemand. Das war ich selbst. Trip-trap, trip-trap. Ich hatte mein Baby im Arm — Gabrielchen, erst ein paar Wochen alt. Sie schlief fest, ahnte noch nichts von Gefahr. So schnell wie möglich mußten wir den nächsten Luftschutzbunker erreichen. Die Flak schoß schon... ja, der Rauch... wir waren spät dran.
Das Herz schlug mir bis zum Hals, weil ich so rannte, aber ich hatte keine Angst.
Trip-trap, trip-trap. Jetzt lief jemand hinter mir. Ich kannte den Schritt. Sein Schritt. Ich drehte mich nicht um. Es war eine Halluzination, ich würde niemanden sehen. »Lauf nicht vor mir her. Du bist so schnell mit deinen langen Beinen,

da muß ich mich so hetzen.« Hätte ich das bloß nie gesagt – er würde jetzt vor mir laufen, er würde mir den Weg zeigen.
Ich wäre beschützt.
Der Schweiß rann mir von der Stirn, aber ich durfte nicht stehen bleiben. Die Schritte hinter mir würden dann verstummen, und sie waren das einzige, was ich hatte.
Der Rauchgeruch wurde stärker, die Bilder der Erinnerung immer bedrängender.
Vergangenheit und Gegenwart vermischten sich. Wo war ich? Im Busch, oder...? Krieg. Abschied in Berlin. Ich sagte: »Toi, toi, toi, Hals- und Beinbruch«, und spuckte ihm über die linke Schulter. Wir lachten, weil es für ihn als Flieger ungewöhnlich war. Lachten – ja, wir hatten keine Sekunde Angst, wir könnten uns nicht wiedersehen...
Sie würden ihn jagen über dem Mittelmeer... Vollalarm... Bomben...
Mit ihm zusammen fühlte ich mich sicher wie in einer Schutzkapsel.
Plötzlich sah ich ihn vor mir liegen wie einen abgestürzten Vogel. Er, der mit den größten Gefahren fertig wurde... Eine kaputte Leiter an einem schönen friedlichen Sommertag... Da zerbrach die Schutzkapsel in tausend Scherben, und ich fühlte mich nackt und verletzlich.
Meine Beine wurden kraftlos, sackten mir weg.

Ich hockte mich hin wie ein Embryo und weinte, als würde ich ewig weinen müssen.
Plötzlich lachte jemand hinter mir. Im Busch saß der Kookaburra. Und jetzt hüpfte er vor mir her, als wollte er sagen: »Komm!« Ich folgte ihm, fest entschlossen, ihm zu vertrauen. Und siehe da: rechts tauchte der Autofriedhof auf, dann der Schuppen, dann das Haus.
Es war, wie ich es mir gedacht hatte, niemand hatte mich vermißt.
Bill begrüßte mich wie immer mit Handkuß. »Du hast noch nicht gefrühstückt, und jetzt ist es gleich Mittag. Wollen wir ein Glas Milch zusammen trinken?« Er hatte das Glas sehr voll gegossen, oder ich zitterte so stark, daß ich alles verschüttete. Bill wischte mit einem Tuch die Milch von meiner Hose und die Tränen von meinen Wangen. Er ahnte, was mit mir los war, obwohl ich nichts erzählte.
Er nahm meine zitternde Hand in seine und sagte: »Wir sind alle in Gottes Hand.«

Pat

Pat und ich saßen allein im Wohnzimmer. Ich schaute ins Kaminfeuer und sie in den Fernsehapparat.
Vom Bildschirm redete ein großer Männerkopf auf uns ein, er erzählte irgendetwas von Einwandererproblemen.
Ich hörte nur einen Augenblick lang zu: »Jahr für Jahr wächst unsere Bevölkerung um zweieinhalb Prozent. Diese Zahl steigt ständig weiter an, wird in diesem Jahr wohl vier Prozent erreichen, weil besonders der Zustrom aus der Bundesrepublik Deutschland extrem zugenommen hat.«
Ich drehte innerlich ab. Eigentlich hätte mich das Thema interessieren müssen, denn schließlich ging es um meine Landsleute, und im Ausland – so weit weg von zu Hause – fühlte ich mich solidarisch mit ihnen.
Aber ich persönlich wollte ja gar nicht auswandern, ich bin in meinem Land viel zu fest verwurzelt. Ich liebe meine Familie und wäre sehr un-

glücklich, so fern von meinen Kindern. Ich liebe meine Sprache und habe ihr viel zu verdanken. Meinen Beruf zum Beispiel, den ich nur in dieser Sprache ausüben kann, weil ich mich nur in ihr voll und überzeugend auszudrücken vermag.
Warum sollte ich mich also für Prozente interessieren, für Zahlen, die mir gar nichts sagten und die ich mir sowieso nicht merken würde, statt ganz einfach in das flackernde Kaminfeuer hineinzuträumen.
Das ist ja das Elende beim Fernsehen, daß eigentlich jeder nur halb hinschaut und halb hinhört.
Wie oft schon haben Leute zu mir gesagt: »Ich habe Sie gestern im Fernsehen gesehen. Sie waren Spitze!«
Das freute mich. »Und wie fanden Sie meinen Monolog?«
»Monolog? Oh, da habe ich wohl gerade telefoniert.«
Und da ich leider immer alles ganz genau wissen möchte, forsche ich weiter: »Und wie hat Ihnen der Schluß gefallen?«
»Oh, der Schluß war ja sehr komisch, wir haben so gelacht.«
»Komisch? Der war doch zum Weinen!«
»Ja, richtig, den Schluß haben wir gar nicht gesehen. Da waren unsere Gäste schon da. Die waren komisch – ach ja, Sie waren zum Weinen.«
Das Holz loderte lichterloh. Die Wärme tat mir

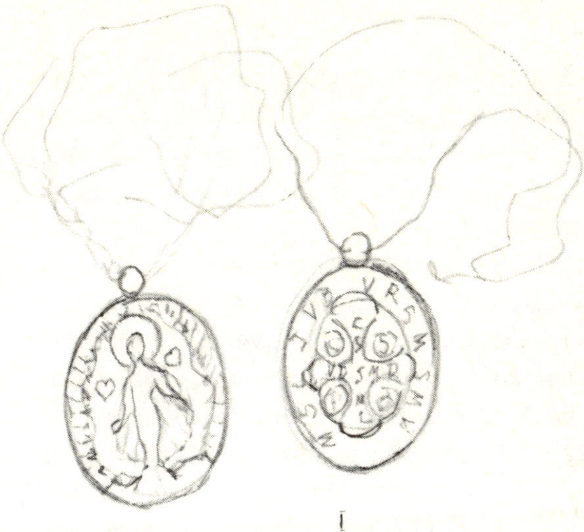

Von Bill

gut, denn draußen war es herbstlich kalt. Feuer brannten jetzt überall in den Wellblechhütten, in jedem Farmhaus und in jeder Property. Bei Reichen und Armen, Frauen und Männern, Weißen und Schwarzen.

Wieder überkam mich die Sehnsucht, mehr von der Welt der Aboriginals zu verstehen, von ihrer Welt der Träume, die mich so wehmütig anrührt. Ich war traurig, daß ich so gar keine Möglichkeit sah, diese Sehnsucht zu stillen. Es fehlen uns die richtigen Antennen dafür. Erfolglos bemühen wir uns, die Töne unserer Kindheit wiederzufinden, die wir durch den Schock des Fortschritts vergessen haben.

»Pat«, rief ich, »Pat, kennst du Baiame? Den Himmelsgott der Aboriginals, der im erdigen Grund wohnt? Oder in den Bäumen? Der auch manchmal als Emu oder als Schlange auf die Erde kommt?«

»Wie bitte?« sagte sie – sie hatte mir überhaupt nicht zugehört – »Moment mal, das ist gerade sehr interessant.«

Das ist ja das Elend beim Fernsehen, daß es so gesprächsfeindlich ist. Es bleibt jeder für sich allein. Es wäre mir jetzt ein echtes Bedürfnis gewesen, mit Pat zu sprechen, sie zu fragen, ob sie alle diese Mythen, Sagen und Überlieferungen der Aboriginals kennt oder in der Schule gelernt hat – so wie wir zum Beispiel die germanischen Sagen oder das Nibelungenlied.

Ich hätte sie gerne gefragt, ob sie wußte, daß Baiame, der Feuergott, mit fünfhundert Strahlen als Blitz auf die Erde gekommen war. Jeder Stamm bekam damals einen Strahl, denn es waren fünfhundert Stämme, und sie brauchten alle Feuer.
Es gab dreihundert Sprachen unter den Ureinwohnern, aber das Wort für Feuer war in allen Sprachen das gleiche.
Und dann hätte ich ihr auch gerne erzählt, falls sie es nicht sowieso schon wußte, daß die Aboriginals kein Wort für »Arbeit« haben, denn sie waren und sind Nomaden. Sie werden immer als faul bezeichnet – ich finde das ungerecht. Ob Pat das auch fände?
Pat saß ganz aufrecht in ihrem Fernsehstuhl und ließ keinen Zweifel aufkommen, daß sie nicht gestört werden wollte. Sie legte den Finger an den Mund und machte ganz energisch »Pst!«
Ich war wirklich sauer, denn es war ja schließlich mein letzter Abend. War ich ihr so unwichtig? Morgen war ich ja weg, und dann konnte sie zwölf Stunden lang fernsehen, wenn sie wollte.
Sie wandte sich blitzschnell zu mir um und sagte hastig: »Stell dir vor, sie haben diese Fleisch-Gangster gefunden, von denen ich dir erzählt habe, und haben sie vor Gericht gestellt. Die müssen ins Gefängnis und bekommen horrende Strafen aufgebrummt. Bravo! Aber was kann ich

mir dafür kaufen. Still! Jetzt kommt vielleicht für uns noch was. Wär ja gar nicht so uninteressant, wenn sie uns Farmern endlich mal sagen würden, wie wir aus der Misere wieder herauskommen sollen...«

Na schön, das sah ich ja ein. Aber gerade jetzt hätte ich das Gespräch mit ihr so dringend gebraucht.

Ich stand auf und ging in die Küche, wo ich bereits alles vorbereitet hatte.

Ich setzte einen großen Topf mit Wasser auf und ließ es kochen. Dann warf ich vier Hände voll gelbgrüner Eukalyptusblätter hinein. Ich hatte sie vorher wie Teeblätter kleingeschnitten.

Von den süß duftenden Blüten der römischen Kamille zählte ich sieben ab, »denn fünf und sechs, so sagt die Hex, ist sieben und acht, und neun ist eins und zehn ist keins, das ist das Hexeneinmaleins...«

Ich habe die römische Kamille selbst gezogen und trage sie in einem Leinensäckchen immer bei mir. Sie muß bei zunehmendem Mond gepflückt werden, dann tut sie Wunder. Aber man muß immer genau die richtige Menge nehmen, das ist unerläßlich. Den Sud lasse ich dreimal aufwallen.

Zu Hause bereite ich auch Aufgüsse aus grünen Tannenspitzen oder aus Lindenblüten oder auch aus Baldrianblättern zu. In dem Sud bade ich dann – das tut mir gut, hilft mir.

Ich fühle mich manchmal verkrampft und zusammengezogen wie nach dem Genuß einer Zitrone. Der Schock sitzt ganz fest über dem Solarplexus. Er löst sich nicht, blockiert meine Seele, meine ganze Persönlichkeit, nimmt mir jede Ausstrahlung.
Diese Blockade löst sich nur, wenn ich weine oder wenn ich einen solchen Aufguß inhaliere oder mir eine extreme Sauerstoffzufuhr verschaffe – zum Beispiel durch Seilspringen, Waldlauf oder eine andere Art von Körpertraining.
Wie gerne hätte ich die Aboriginals nach ihren Kräutern, ihren Heilpflanzen und Beeren gefragt, auch nach ihren Zaubertränken, mit denen sie physische und psychische Kräfte wecken können. Aber sie verraten ihr Wissen nicht jedem Durchreisenden – dafür hätte ich wohl Jahre mit ihnen verbringen müssen.
Wie gut ich sie verstehe und wie sehr ich ihre Zurückhaltung achte. Dieses Wissen ist ihr letzter großer Schatz aus der Dreamtime. Diese Geheimnisse gehören ihnen allein, und sie werden mit ihnen untergehen im Meer der Vergessenheit.
Langsamen Schrittes ging ich in der Küche auf und ab. Ich hatte wieder zu mir zurückgefunden. Ich kehrte zum Kamin zurück. Ganz neue Gedanken kamen mir – ich glaube, es waren gar nicht meine eigenen, sie kamen von irgendwo anders her. »Nur Ruhe – frag nicht soviel, laß ein-

fach alles an dich herankommen. Es wird schon alles gut.« Ich sah WD's blaue Augen unter seinen hellblonden Wimpern auf mich gerichtet. Zum ersten Mal konnte ich glücklich und ohne Schmerz an ihn denken.
»Woran denkst du?« fragte Pat.
Ich glaube, selten antwortet ein Mensch auf diese Frage wirklich ehrlich. Gedanken sind oft nur Fetzen, ungeordnete Bilder, nicht erzählbar, ureigenstes Geheimnis in der Herzenskapsel eines jeden Menschen.
Ich log und sagte: »Ich dachte eben an deine reizende Familie, an das Abschiedsessen, das du so schön und feierlich zubereitet hast, an die lustige Rede, die Peter gehalten hat.«
Und ich log weiter: »Ich dachte auch an deine Tochter Grit. Sie erwartet mit einer bewundernswerten Ruhe ihr Baby, das jetzt jeden Tag kommen kann, und dein Schwiegersohn kümmert sich so fürsorglich um sie.
Bill, dein Mann, ist ganz und gar ein Kavalier der alten Schule. Du selbst, in deinem langen gelben Rock und mit der schönen weißen Spitzenbluse, könntest einem Hollywoodfilm entstiegen sein. Man würde überhaupt nicht auf die Idee kommen, daß du eben einen ganz köstlichen Lammbraten mit Knoblauch, Mintsoße und Kartoffelauflauf in kürzester Zeit auf den Tisch gebracht hast.«

Pat lachte geschmeichelt. »Thank you, aber das einzige, was an deiner Beschreibung stimmt, ist der Knoblauch für den Lammbraten...«
Ich schnitt ihr mit einer Handbewegung das Wort ab und machte: »Pst, Ruhe!«
Der Kopf im Fernsehen sagte Dinge, die mich aufhorchen ließen: »Es ist anzunehmen, daß der australische Wein in absehbarer Zeit eine echte Konkurrenz für die traditionellen europäischen Weine auf dem Weltmarkt darstellen wird. Angesichts der guten klimatischen Verhältnisse auf unserem Kontinent siedeln sich immer mehr europäische Weinbauern hier an. Unsere Landschaft erhält durch den Weinbau ein ganz neues Gepräge...«
Das interessierte mich wirklich sehr, denn ich dachte dabei an meine Verwandten, die Casteller, die mit den Reben ihrer Frankenweine hier erfolgreich sein könnten. Vielleicht würde die Blume des Weins aufgrund des guten Bodens und des optimalen Klimas auf phantastische Weise gewinnen?
Wie Pat vorhin saß ich aufmerksam und aufrecht in meinem Stuhl, machte »Pst!« und legte den Finger an den Mund. Aber dieser Vortrag interessierte nun Pat wieder nicht, und sie drehte ab. Das ist ja eben das Elende am Fernsehen...
»Ja, Lammbraten, das stimmt. Alles andere hast du völlig falsch beschrieben.

Grit hat schreckliche Angst vor der Geburt. Das erste Kind war ein Kaiserschnitt, und sie werden wohl auch das zweite mit dem Messer holen müssen. Aber wir wissen nicht, ob sie diese Operation hier überhaupt richtig beherrschen. Das macht mir große Sorgen. Sie müßten andererseits mindestens dreihundert Meilen fahren, um zu einer erstklassigen Klinik zu kommen.«
»Und die Air Ambulance?«
»Schwangerschaft ist keine Krankheit. Aber sie kriegen einfach die Kurve nicht, um die dreihundert Meilen zu fahren. Für meinen Schwiegersohn ist es natürlich viel bequemer, wenn sie hierbleibt. Du hast ein viel zu freundliches Bild von ihm gemalt.«
Pat redete sich nun in einen regelrechten schwiegermütterlichen Ärger hinein.
Ich mußte innerlich lachen, weil mir das strikte Gebot der Aboriginals einfiel, daß Schwiegermutter und Schwiegersohn nur Rücken an Rükken miteinander reden dürfen. Wenn da keine tiefe Weisheit drin steckt!
Pat fuhr fort: »Ich selbst bin wegen Bill völlig am Ende. Er ist ohne Lebenskraft. Er hat keine Freude, keine Begeisterung. Du hast es ja selbst gesehen.«
»War er schon immer so?«
»Nein, erst seit er aus dem Krieg zurück ist.«
Krieg? Ich wußte beim besten Willen nicht, von

welchem Krieg sie sprach, aber ich hatte auch überhaupt keine Lust, über Krieg zu reden. Davon habe ich endgültig die Nase voll.
Pat merkte, daß ich auf den Punkt nicht eingehen wollte. »Er hat auch mal Malaria gehabt.«
»Wie war er denn früher?«
»Früher konnten wir noch miteinander reden, aber seit er aus dem Krieg zurückgekommen ist, sagen wir nur noch ›Guten Morgen‹ und ›Guten Abend‹. Wenn ich versuche, ihm von meinen Sorgen zu erzählen, hört er mir überhaupt nicht zu. Sie gehen ihn gar nichts an. Ihn interessieren nur die Probleme fremder Leute, die Zeitung liest er stundenlang. Und zu allem Übel ist er auch noch in diese Sekte geraten. Er verehrt die Jungfrau Maria über alles. Soll er ja meinetwegen. Aber wo bleibe ich? Ob das gottgefällig ist? Er ist wirklich nicht good sport – und das bei seiner englischen Abstammung. Der Fleischskandal, die Dürrekatastrophe, nichts berührt ihn. Er schreitet durch wie bei einer Prozession.«
Ich war betroffen, wie zutiefst verzweifelt die tüchtige Pat nun war.
Ich versuchte, sie ein wenig abzulenken. »Für die Trockenheit bin ich verantwortlich, Pat, ich habe versagt. Ich bin eine schlechte Wetterhexe und keine Regenmacherin.«
Sie lächelte müde und sagte: »Ich geb dir noch eine letzte Chance. Du hast noch die ganze Nacht

Zeit. Der Mond hat einen Hof, und der Wetterbericht klang auch ganz vielversprechend. Heute nacht oder morgen oder irgendwann regnet es bestimmt. Sobald erst alles vertrocknet ist und die Tiere verdurstet sind, regnet es bestimmt.«

Sie lehnte sich in ihren Fernsehstuhl zurück und schloß die Augen.

Schnell verschwand ich in der Küche und holte den dampfenden Topf mit dem Eukalyptussud.

»Pat, Darling, du hast die ganze Zeit soviel für mich getan, warst so lieb zu mir. Darf ich dir zum Dank als Gastgeschenk – anstelle des Regens – eine kleine feuchte kosmetische Behandling machen?«

Ich ließ gar keine Widerrede aufkommen, setzte ihr meine Duschhaube auf und hüllte sie in ein Badetuch. Ihr Gesicht reinigte ich mit Olivenöl. Auf Gesicht, Dekolleté und Nacken legte ich ihr Kompressen. Ich drückte die kleinen, feuchtwarmen Handtücher fest an ihre Haut und spürte, wie die Spannung von ihr abfiel.

»Ist dir überhaupt klar, daß du diese Schätze hier ganz umsonst hast? Bei uns kostet schon ein winziges Fläschchen Eukalyptusöl zwölf Mark, da kannst du dir ausrechnen, wie reich du bist. Ihr habt hier bloß Gold und Opale im Kopf. Aber die Natur um euch herum birgt noch viel mehr. Du wirst sehen, wie wohl du dich anschließend fühlst. Du wirst dich gar nicht wiedererkennen.«

Pat fragte schüchtern und ein wenig unsicher: »Ja, sehe ich denn so scheußlich aus?«

»Nein, Pat, wahrhaftig nicht. Du bist eine sehr schöne Frau. Aber nachher wirst du eben noch schöner sein.«

Ich nahm die Kompressen von ihrem Gesicht und begann vorsichtig, mit kleinen kreisenden Bewegungen zu massieren.

»Das ist meine eigene Creme, ich lasse dir ein Töpfchen davon hier. Sie ist ganz einfach und unparfümiert, auf Lebertranbasis. Benutze niemals eine Feuchtigkeitscreme, die emulsiert nämlich mit der Luft und trocknet dich aus.

Was deine Ehe anlangt: ich begreife sehr gut, daß es dich stört, wenn Bill bei Tisch einschläft. Aber auch wenn er kaum mit dir redet, so ist er doch da. Stell dir vor, du würdest hier ganz alleine sitzen.«

»O Louis, ich bin doch mit ihm noch viel einsamer, als du es bist...«

»Das glaube ich dir nicht. Du bist die Stärkere, du mußt ihm helfen, ihn aufbauen. Du mußt ihm Lebensfreude, Kraft und Begeisterungsfähigkeit zurückgeben.«

»Und wie soll ich das anstellen?« fragte Pat mit müder Zunge.

»Dir wird schon etwas einfallen. Glaub mir, Pat, es gibt nur zwei wirkliche Probleme im Leben: das eine ist Krankheit, das andere...«

Pat begann sanft zu schnarchen – sie war fest eingeschlafen.

Der Koffer stand gepackt in der Ecke. Ich richtete das Geld her, das ich Pat für Zimmer und Vollpension schuldete. Wie in einem Fächer hielt ich die australischen Pioniere in der Hand. Zehnmal Kingford Smith, den Flieger, zehnmal Herford, den Flugzeugkonstrukteur, dreimal Banks, den berühmten Botaniker, der die Schutzkapsel entdeckte, dreimal Greenway, den Architekten, der Dabee gebaut hat, fünfmal MacArthur, der die Merino-Schafe eingeführt hat und fünfmal Herrn Lawson, der bei der (angeblichen) Erstüberquerung der Blue Mountains dabei gewesen und später dem Alkohol verfallen war. Ein ganz schönes Päckchen. Jeder einzelne von ihnen war mir im Laufe meines Aufenthaltes in Australien wohlvertraut geworden. Eigentlich eine schöne Idee, Pioniere auf diese Weise zu ehren.
Ich steckte das vorbereitete Päckchen in meine Tasche und wollte gerade mit meinem Koffer das Zimmer verlassen, da stand plötzlich Bill in der Tür.
Er küßte mir die Hand: »It was nice to meet you.«
Dann hängte er mir mit einer feierlichen, bedeutsamen Bewegung zum Abschied ein feines silbernes Kettchen mit einem Anhänger um den Hals,

»an exorcist medal«, und fügte murmelnd hinzu: »Sie soll dich behüten vor allen Feinden, vor dem Satan und allen diabolischen Einflüssen, soll dir Gesundheit bringen für Geist, Seele und Körper.«
Zum Schluß machte er das Kreuzzeichen über mich: »Im Namen des Vaters und des Sohnes und des Heiligen Geistes. Ave Maria gracia plena, dominus tecum . . .«
Er betete das ganze Ave Maria lateinisch, leise und innig, mit echter Inbrunst und Überzeugung, und ich betete mit.
Dann dankte ich Bill für sein Geschenk. Der Anhänger ist zwar ein bißchen kitschig, aber ich trage ihn unter meinen Kleidern, direkt auf der Haut – weil er von Bill ist.

Pat erwartete mich am Frühstückstisch. Ich wollte ihr die Pionierschar in die Hand drücken, aber sie wies sie zurück.
»Ja, wieso denn?«
Sie lächelte geheimnisvoll. »Es ist schon alles bezahlt«, sagte sie.
Ich sah sie verständnislos an.
»Von einem Herrn, der nicht genannt werden will. Er ist häufig hier zu Gast, hat dich hier gesehen und hat sich erlaubt, eine charmante Vertreterin des Landes, das er sehr verehrt, einzuladen.«

Ich konnte es kaum glauben — so etwas ist mir noch nie passiert. Bis jetzt mußte ich immer doppelt dafür zahlen, daß ich eine so charmante Vertreterin meines Landes bin. Ich nahm die Einladung mit Dank an als Zeichen echter australischer Gastfreundschaft.

Die Sonne war noch nicht aufgegangen, als Pat mich zur Busstation brachte. Känguruhs hüpften um uns herum, betrachteten uns aus erstaunten, neugierigen Augen. Ein Emu flüchtete mit langen Schritten in den Busch — war es vielleicht Baiame, der Feuergott?
In der Ferne sah ich den dampfenden artesischen See, und ich nahm Abschied. Anfang und Ende haben sich getroffen.
Mit dem gleichen Chevrolet, dessen Tür immer noch aufgerissen und zugedonnert werden mußte, brachte Pat mich zurück zu der Travel Agency, wo wir uns zum erstenmal getroffen hatten.
Damals prägte ich mir ihre Gestalt in allen Einzelheiten ein, war fürchterlich neugierig auf sie, dachte: »Wie mag diese Frau wohl sein?« Und heute weiß ich es: sie ist genau so, wie ich es damals gespürt habe, ohne es genau ausdrücken zu können. So ist es ja häufig auch mit Träumen und mit vielen Wahrheiten.
Beim Abschied streckte sie mir schüchtern ein paar Dollarnoten hin. »Du hast doch ein Buch ge-

schrieben, hat man mir erzählt. Hier kann ich es nicht kaufen. Ich würde es so gern lesen. Könntest du nicht...?«

Das Geld habe ich natürlich nicht genommen, aber es hat mich sehr gerührt. Vielleicht werde ich ihr *dieses* Buch schicken mit einer kleinen aktuellen Nachricht.

Der »Fleischskandal«, der sie so hart getroffen hat, ist nun auch bis zu uns gedrungen. In Kantinenessen, in Konserven, in Knackwürsten, in »Hamburgern« wurde Känguruhfleisch gefunden. Es sollte erst nur für Hundefutter verwertet werden, für Chappi, aber dann hat man es als Filets den Politikern im Landtag serviert. Wie weit doch Känguruhs springen können.

Als ich ihr zum Abschied aus dem Bus zuwinken wollte, stand sie reglos da. Die Türklinke war nun endgültig abgebrochen.

Southerly Busta

In Sydney wehte der Southerly Busta. Ich packte meine Koffer für die Heimreise.
Edith konnte gar nicht fassen, was sich alles angehäuft hatte und ich nun tatsächlich mitnehmen wollte: verkohlte Schutzkapseln der Prothäas, versteinertes Holz aus Glen Davis, eine Handvoll first-class-Wolle aus Dabee, versteinerte Eukalyptusblätter auf Schieferplatten und allerlei Muscheln und schön geformte Steine — aber kein Gold und kein Opal waren dabei.
Wie mich am Anfang jeder gefragt hatte: »Wie gefällt es Ihnen bei uns in Australien?«, so fragten sie mich jetzt zum Abschied: »Was hat dir am besten in Australien gefallen?«
Ohne zu zögern, ganz spontan und aus vollem Herzen sagte ich: »Eure Freundschaft! Lebt wohl.«
Dann stieg ich in die Lufthansa-Maschine und war schon fast zuhause.
Die Reise kam mir kurz vor — hatten wir vielleicht Rückenwind? Southerly Busta? Es ist der Wind, der Veränderung bringt.
Es gibt keinen Abschied, es gibt nur Veränderung.

STATISTICAL, HISTORICAL, AND POLITICAL

DESCRIPTION

OF

The Colony

OF

NEW SOUTH WALES,

AND

Its dependent Settlements

IN

VAN DIEMEN'S LAND:

WITH

A PARTICULAR ENUMERATION OF THE ADVANTAGES WHICH THESE COLONIES OFFER FOR EMIGRATION, AND THEIR SUPERIORITY IN MANY RESPECTS OVER THOSE POSSESSED BY THE UNITED STATES OF AMERICA.

By W. C. WENTWORTH, Esq.

A NATIVE OF THE COLONY.

LONDON:
PRINTED FOR G. AND W. B. WHITTAKER,
AVE-MARIA LANE.

1819.

at least thirt
but one are ve

The aborigi
lowest place
human species.
nor clothing; t
with the arts of
which the severa
selves from the a
and the hunting
which they admin
rudest contrivance

Thirty years int
not effected the slig
and even those who
the colonists, have n
practise one of the a
daining all restraint,
tered in their original
consider the superior
from civilization, (for
ing insensible to them)
for the sacrifice of any
liberty. The colour o
chocolate; their featur
blance to the African
same flat nose, large nos
thick lips; but their hai